偏執曼谷

著——RICE / POTATO

曼谷在地設計生活導覽，咖啡店、餐廳、酒吧、景點11區超主觀推薦。

PREFACE
rice / potato

ricepotato.co/tw
Facebook.com/ricepotato.co

曼谷是一個充滿活力的國際化城市，各種極端的事物並存，旅遊業發達，一直以來受到各國觀光客的喜愛。這邊有世界一流的餐廳、街頭小吃、文青咖啡店、超大型購物中心、傳統市集、文化遺蹟等等，讓人不愛上這邊也很難。便宜的物價、輕鬆慢活的氛圍，這幾年越來越多台灣人瘋曼谷，而我也是其中一個，瘋到搬來這，還因此出了書。

2012 年的夏天我毅然決然地自己申請了學校很跳 tone 的跑來曼谷完成我的碩士學位。六年前，網路媒體、社群網站還沒有像 2019 的今天一樣爆炸，對於很多台灣人來說泰國還是「落後」的國家。很多比較井底之蛙的親友（這樣說自己的親友好嗎？）一直覺得我在曼谷生活就是整天騎大象（我是有點誇張了）因此我和好友小霸王一起設立粉絲專頁「鬼混曼谷」分享在曼谷生活的點點滴滴，想讓身在台灣的朋友覺醒，知道在泰國有很多厲害的店家。等到好友放棄曼谷打包回台，我又在曼谷遇到了我老公，Chris a.k.a 荷蘭弟，兩年前我們就一起把原有的網站加上英文版，並

重新包裝成更有設計感以曼谷為出發點的旅遊生活網站 rice/potato。

rice/potato 看不見一般網路上千篇一律推薦一模一樣的曼谷「必去」行程或景點,這本旅遊書也是保持這樣的精神。網路上的資訊很多,觀光客跟著所謂「必去」關鍵字搜尋行程,常常錯過曼谷真正的美好,有人說 rice/potato 是進階版的旅遊曼谷指南,但我不這麼認為,我們只是幫大家把曼谷更有品味的篩選給大家,至於什麼是「必去」、「必遊」,還是希望你好好走一遭,自己細細品味和決定。

這本旅遊書或許看不到你所熟知的曼谷景點(我想說大家都寫過,網路也查得到,你實在沒有必要再多買一本網路都找得到的書)書裡放的都是我六年來自己去過,也覺得值得推薦給大家的景點、店家,讓你更加輕鬆地遊曼谷。曼谷的變化相當快速,店家的汰換率也相當迅速,在使用這本書時,還是希望讀者能夠上網確認一下店家是否還存在,免得白跑一趟。

在這邊拜託讓我感謝我的家人一直以來的支持(*雖然他們還是不完全知道我在幹嘛*)、朋友們的鼓勵,還有特別長期關注我們的網友們。謝謝我的泰國朋友 Ton 不厭其煩地解惑、褓母 P'Tree 幫我看小孩讓我有時間趕稿、不斷接受我發瘋的編輯 JJ,沒有你們我真的沒辦法完成這本旅遊書。當然,還有我那個愛靠北的老公 Chris,謝謝你在旁督促、砥礪我,陪我一起跑點,工作閒暇之餘還幫我拍照和修圖。

最後,這本書獻給我兒子,Oliver,希望你能有獨特的敏銳度和寬闊的胸懷,能用心體會這個你成長的城市,和爸媽一樣愛上曼谷。

CONTENTS

本書使用方法說明

1 本書提供你一個體驗曼谷生活的新參考，但我們希望你還是要用自己的步調以及冒險的心，去感受這個魅力十足的城市。

2 每一個景點或是店家，我們都附上了一些基本資訊，但是，曼谷的店家狀態隨時在變化，出發前還是自己上網再確認一下比較好，輸入店家名稱或是本書提供的網頁連結都可以找得到。

3 景點或是店家的交通資訊，只是提供大概的建議交通方式參考，由於每個人所在的出發起點不一，無法一應俱全，請自行斟酌搭配網路地圖使用。

4 景點或是店家的平均消費，提供給你消費的基本參考，實際花費還是需要視每個人點的餐或是使用的服務而定喔！

5 本書使用的分類索引小標誌：

C 咖啡店

R 餐廳

B 酒吧

Bi 餐酒館

S 商店或是景點

WE ARE RICE/POTATO AND WE WILL SHOW YOU WHERE TO EAT,DRINK, SLEEP AND SHOP IN BANGKOK

CHAPTER 1.

曼谷旅行基本資訊

BEFORE YOUR TRIP

旅行前

機票、簽證、貨幣‧換匯、行李打包建議、電壓‧插頭、網路

AIR TICKETS | 機票

目前台灣有三個城市可以直飛曼谷，分別是台北、台中、高雄。飛行的航空公司分成廉價航空和一般營運航空。

廉價航空公司

- 台灣虎航（TigerAir）
- 泰國獅子航空（Thai Lion Air）
- 酷鳥航空（NokScoot Airlines）
- 越捷航空（VietJet Air）※ 如果你跟我一樣是台中人的話，從台中直飛曼谷。

一般營運航空公司

- 中華航空（China Airlines）
- 長榮航空（EVA Air）
- 泰國航空（Thai Airways）

我們自己訂機票時通常都會先到 Skyscanner（機票比價網站）比價，通常廉價航空約在 5000-7000 台幣左右，一般航空約在 7000-13000 台幣左右（價錢當然會因為旅遊旺季 11 月 -2 月或是航空公司促銷而有波動）。因為本身比較窮酸的關係，以往我們會選擇最便宜的機票，不過話說因為我們現在有小孩，加上往返的行李件數較多（每次從台灣回曼谷都帶一堆台灣貨），一般營運航空公司的航班又有比較多的選擇，而且有時候廉價航空的價錢不見得多便宜，所以建議還是要自己上網比較一下，評估考量一下自己的需求再決定。

特別注意曼谷有兩個機場，Suvarnabhumi Airport 曼谷蘇凡納布機場（BKK）、Don Mueang Airport 廊曼機場（DMK），要飛哪一個機場都可以啦！但我本人比較喜歡飛前者，因為機場比較大，絕大多數的廉價航空以飛往後者為主。

VISA | 簽證

目前持有台灣護照前往泰國旅遊還是需要辦理泰國觀光簽證的（*很麻煩我知道*），若自行到駐台北泰國貿易經濟辦事處辦理的費用為台幣 1200 元，找旅行社代辦的費用約台幣 1500 元（各旅行社費用不一），簽證有效期為 3 個月，可以停留 60 天。

或是也可到泰國再辦落地簽證，落地簽費用為 2000 泰銖，可停留 15 天。我會比較傾向在台灣就先辦好簽證，因為到泰國當地落地簽的隊伍很看運氣，有時申辦的人很多有時申辦的人很少，如果剛好遇到大排長龍的隊伍就可能會要在機場等候好一陣子，那倒不如在台灣就辦好，以節省時間，也可以有多一點的時間觀光。（*詳細辦理資訊辦法請參考駐台北泰國貿易經濟辦事處官方網站 www.tteo.org.tw/main/zh/*）

CURRENCY | 貨幣・換匯

泰銖為泰國官方貨幣，硬幣為 25、50 撒丹（兩個 50 撒丹為 1 銖）、1、2、5、10 銖，紙鈔為 20、50、100、500、1000、2000 銖。撒丹其實不太常用到，我覺得最好用的是紙鈔 20、50、100，有時拿 1000 的紙鈔到路邊攤買東西可能會被翻白眼。鈔票是印有拉瑪九世（已故泰王）和拉瑪十世（現任泰王）的鈔票都可以通用的！

台幣換泰銖大概（匯率每天都在變）是 1 元換 1.06 銖上下，所以泰銖跟台幣差不多，不用算半天。在桃園機場的換錢櫃檯其實都可以換錢，方便又快速（只是要收 100 元的手續費）。很多人喜歡到曼谷當地的換錢所換，像是 Super Rich（曼谷有很多分店）、Vasu（BTS Nana）、Siam Exchange（BTS National Stadium）等，我個人覺得哪一間換錢所都差不多（就不要拿台幣在曼谷當地銀行換錢就好，匯率和手續費都很爛）。

PACKING TIPS | 行李打包建議

除了自己私人的衣物、保養品、藥品等,我都會建議親朋好友來曼谷帶件薄外套和雨傘。曼谷室內的冷氣沒有在客氣的,溫度總是很低,一冷一熱相當容易感冒著涼,薄外套肯定派得上用場(還可以防曬)。

就算不是雨季,曼谷偶爾也還是會下雨,有時雨下得又快又急,雖然不會下很久,身邊有把傘總是方便許多。也建議隨身攜帶護照影本以免突發狀況。其它的小東西(像是防蚊液、成藥等)就算忘了帶也可以在當地購買。

VOLTAGE · PLUG | 電壓 · 插頭

泰國電壓為 220V,出發前記得確認自己的 3C 用品是否適用國際電壓 110V 至 240V,如果適用就直接插入即可(一般來說都可以),但是像台灣製的捲髮器、吹風機等家電用品可能只適用台灣電壓,此時就必須另外加變壓器(我就曾經在泰國用台灣買的電鍋煮飯而跳電過)。插座部分,泰國是三孔圓扁共用插座,台灣常用的插頭可直接使用,因此不需要額外準備插頭。

Wi-Fi | 網路

在曼谷申辦手機網路相當方便,建議一下飛機須完行李後在機場申辦最便利。泰國最大的三間電信業者是 AIS、dtac、TrueMove,都有推出適合旅客的優惠方案,只要出示護照都可以申辦,價格也都很合理。我自己是覺得每一間都差不多。曼谷的咖啡廳幾乎都有免費 WiFi 網路,但我還是強烈建議直接辦網路 SIM 卡(記得在機場申辦,到市區辦對於遊客來說比較麻煩,沒有遊客專案),申辦容易又便宜(一週約 3、400 銖,要看你選擇的流量),旅行有了 4G 真的方便容易許多(隨時可以查地圖、叫車等)。

DURING YOUR TRIP

旅行中

時區、機場交通、天氣、語言、當地交通、實用 APP、小費、飲食衛生‧治安、
文化風俗習慣、營業時間、退稅、緊急事件處理

> ## TIME ZONE | 時區

GMT+7，比台灣慢一個小時。

> ## AIRPORT TRANSFER | 機場交通

從 BKK 機場到市區（或市區到機場）可以搭乘機場快綫 ARL，再轉乘 BTS
或是 MRT 系統，從 DMK 機場到市區則是可以搭接駁公車（一出關即有標
示）到 BTS Mo Chit。我通常都會直接搭計程車（記得從機場到市區的計
程車會多收 50 銖）但還是要看個人需要，還有怕不怕路上塞車在車上動彈
不得。如果我剛好要在上下班時間（尤其是星期五下午 / 傍晚）從市區去
機場，我就會偏向搭乘大眾運輸交通，以免趕不上飛機。

WEATHER | 天氣

泰國就是個熱帶國家，雖然一般資料把曼谷的天氣分成夏季（2月-5月）、雨季（5月-10月）、乾季（10月-2月），但我個人覺得這只是一個參考，也就是說12月也有可能熱得要死或是來場大雨。尤其現在氣候變遷，天氣似乎真的沒有規律。簡單來說，曼谷就是一年到頭溫暖，年底偶爾幾天來個氣候宜人（走路不會大噴汁的那種）。

很多人害怕泰國的熱，但我覺得台灣夏天的熱比起曼谷的熱難受很多（台北又濕又黏又悶），如果你都能在台灣的夏天存活了實在不用怕曼谷的熱好嗎？另外，曼谷就算下雨也不會跟台北一樣，一下就是感覺下了一輩子，讓人感覺都要發霉和心情鬱悶，這邊的雨通常是陣雨，只是會很大很急讓人措手不及，千萬要記得隨身攜帶雨具，不是說乾季就不會下雨的。如果真的要我說最佳旅遊曼谷的月份，我會說是11月到2月，這期間會相對「比較」涼爽一些，但也是曼谷的旅遊旺季（因為歐美客都聖誕佳節跑來避寒），所以飯店房價相對會比較貴一些。

LANGUAGE | 語言

曼谷的官方語言當然就是泰文啦！我知道若google會出現很多細分的地方方言，我們不是語言學專家所以就不要在這邊多加描述了，總之在泰國就還是以泰文為主，不過泰國的觀光業非常發達，比起台北也更加國際化，所以其實用英文也可以行走天下。當然若在一般小販或是local的地區還是要說泰文才會通，會一點泰文玩泰國當然是比較方便的（也比較不會被坑錢），不過不會泰文真的也沒關係。

我還沒搬來曼谷前來泰國旅遊也是一句泰文都不會說只會說英文，也是玩

得很愉快,有些店家(或計程車)或許會因此向你多收錢,但我想一般旅客可能會抱持著:「反正我是來渡假」的心情,也就不會計較太多。若你不會泰文,英文也不是很好(*我知道很多台灣人都很愛覺得自己英文不好,但其實根本超強*),行前上網做好功課,或是用網路即時翻譯,目前泰國很多重要景點都有標示中文(只是是簡體),加上世界通用的肢體語言,我相信語言不是什麼大問題。

TRANSPORTATION | 當地交通

1. 計程車

曼谷的計程車五顏六色,每間公司的顏色不同,但是,不會因為不同顏色收費就不一樣。在曼谷搭乘計程車比在台灣便宜很多(35 銖起跳,一般來說在市區行駛不會超過 200 銖),因為便宜讓人很難不在曼谷搭計程車。唯一的缺點就是常會遇到司機拒載(*你沒看錯!這邊司機很賤,彷彿他們是老大,如果你的目的地太遠或是太塞,他們都不會讓你上車,會很想殺他們!*),或是繞路、喊價超收。在上車時一定要跟司機確認以跳錶收費(by meter)。如果想去的目的地比較偏門一點(附近沒有大的指標),建議直接用 APP(參考 P.017)叫車比較不會出錯(語言不通加上有些計程車司機不愛看地圖,常常很容易找不到目的地)。

2. 輕軌 BTS・地鐵 MRT・機場沿線 ARL

這些應該是遊客最喜歡使用的交通工具,就跟台北捷運一樣,簡單明瞭很好上手,更可以避開曼谷隨時堵塞的交通。唯一的小缺點就是這三個系統是分開的系統,*要分別出站買票(很麻煩我知道)*。價錢上也沒有很便宜,有時候*搭計程車便宜很多(尤其一群人還可以分擔,但就是可能會在路上塞很久)*。曼谷的尖峰時間(上下班時間的大概是早上 8:00-10:00 和下午 18:00-20:00,但話說其實不管怎樣都會塞車,只是會分塞在路上的時間多寡)還是建議搭乘大眾交通工具。喔對!還有另外一個小缺點就是這邊輕軌、地鐵的閘門不知道在快個什麼勁(*全曼谷最快的東西就是它*),很容

易發生夾爆你骨盆的狀況（當然我是誇飾了啦），總之進出站時要特別小心就是了。

3. 嘟嘟車 Tuk Tuk

三輪式的摩托車在後座加裝座椅包廂遮雨棚，是曼谷當地婆婆媽媽買完菜喜歡乘坐的交通工具（或是送貨使用），因為特殊的外觀，Tuk Tuk 成為觀光客心中曼谷最具代表性的特色交通工具，很多遊客來到曼谷都一定會乘坐體驗，也因為如此，通常觀光客攔 Tuk Tuk 的車價都不會便宜到哪裡去（Tuk Tuk 也沒有跳錶的裝置，所以都是喊價為主，一般約以 40 銖起跳，依照距離而加價，我的經驗是 5 公里 15 分鐘的路程約 100 銖），我會覺得遊客是可以試一次就好（除非真的叫不到計程車），並且要特別注意安全（Tuk Tuk 司機很常飆很快），自身財物要保管好，遊客搭乘 Tuk Tuk 面對司機喊價抬高價錢或是詐騙的問題層出不窮，尤其在主要的觀光景點，不過話說你的心態是「反正我出來玩就算被騙錢感覺還是比在台灣便宜」的話，那就不用擔心放膽地試試看 Tuk Tuk 吧。

4. 計程摩托車

在曼谷常會看到穿著橘色背心的機車騎士穿梭在大街小巷中，他們其實是計程摩托車。曼谷的小巷其實又深又長，加上炎熱的天氣，坐上計程摩托車讓一切都變得很輕鬆（曼谷人是很討厭走路的）。摩托車還可以在車陣中鑽來鑽去，是我在曼谷經常使用的交通方式之一，對於觀光客來說可能有點難上手（以 10 銖起跳，步行約 8-10 分鐘的路程大概為 10 銖左右，不會說泰文的狀況議價時，價錢可能會高一些），如果覺得一頭霧水也可以用 APP（請參考 P.017）叫計程摩托車，搭乘時當然要記得戴安全帽（一般來說現在司機都會提供），建議不要晚上搭乘，晚上交通狀況比較難以預測，出門在外還是小心一點（深夜也沒有計程摩托車服務）。

5. 昭披耶河渡輪 Chao Phraya Express Boat

有讀過書就會知道昭披耶河是曼谷的命脈，當然它也是不少曼谷人往返工作地點必經的一條河。昭披耶河渡輪目前有分無旗子船、橘旗船、黃旗船、

綠旗船、和專門為遊客設計的藍旗船（*價格較貴但位子也比較舒適*）。沿著昭披耶河停靠各站，很多站到旅客必遊的重要景點（像是大皇宮、臥佛寺等），比起 Tuk Tuk 我更覺得昭披耶河渡輪是曼谷的代表交通工具，票價約 15-20 銖。（票價、時刻、搭船地點可以查詢這個網站 http://www.chaophrayaexpressboat.com/en/home/）

6. 空盛桑運河快船 Khlong Saen Saep Express Boat

昭披耶河渡輪是南北向，而空盛桑運河快船則是在市區內東西向的快船，和 BTS 一樣可以成功避開曼谷堵塞的交通，便宜的船資是曼谷當地人常用的交通工具。船隻較小，上下船也比較不容易（*沒有台階，可能不太適合老人或是行動不便者*）。是從市中心到曼谷老城區相當便利的交通方式，我們本身相當喜歡搭乘，票價約 10-20 銖。（票價、時刻、搭船地點可以查詢這個網站 http://khlongsaensaep.com/）

7. 公車

曼谷公車對於一般遊客來說可能有點困難，路線、車牌、站名都有點難找，和在台北搭公車相比，又加上遊客不知道方位，在這邊搭乘公車確實是一個挑戰。不過現在網路發達，可以利用其他旅客的經驗分享，體驗在曼谷搭乘公車的樂趣，如果旅遊時間較長，也是一個感受曼谷人生活的方式。只要搭對車，雖然車上沒有顯示到站站名也可以請司機或車長告知自己是否已到達目的地，我想絕大多數的泰國人都會樂於幫忙的。（票價、時刻、乘車地點可以查詢這個網站 https://www.transitbangkok.com/bangkok_buses.html）

USEFUL APPs | 實用行動應用程式

手機網路讓旅遊變得超級簡單，除了 Instagram（可以追蹤曼谷網紅得知最新流行店家）、Facebook（曼谷店家幾乎都會設臉書專頁）、Line（曼谷人的主要通訊 APP）、Google Maps、Google 翻譯對我來說遊曼谷很好用外，另外提供我覺得實用的 APP。

1.Grab

用 APP 叫車的好處就是不會泰文也不怕跟司機雞同鴨講（有線上即時翻譯功能），Grab 不但有短程叫車服務，還有摩托車、送貨、送餐及包車的服務，老實說我超恨這個叫車 APP，因為它的效率真的很差，時常等車要等一輩子，自從 Uber 離開泰國市場後也只剩 Grab 可以用，也是只好摸摸鼻子繼續用下去，以遊客來說算是滿好用的。可以選擇付現或是刷卡。

2.Eatigo

這是一個餐廳訂位享折扣的 APP，和很多曼谷的餐廳合作，用它來訂位最高有 5 折的折扣，我們時不時很愛用它來撿便宜（畢竟我們很窮酸），只是它通常在特定的時段才可以有折扣，我們為了貪小便宜有時候下午五點就要吃晚餐，我個人還是覺得相當值得推薦給和我一樣精打細算的歐巴桑。

3.GoWabi

和 Eatigo 一樣，但它是專門預約按摩、SPA、美容美體的 APP。利用這個 APP 預約可以享有折扣，也是我這個省錢歐巴桑愛用的預約 APP。

TIP | 小費

曼谷和台灣一樣沒有給小費的文化，不過像是去按摩、做指甲、住高級飯店、高級餐廳，服務人員多少都還是會希望能得到一點額外的小費，其實看你去怎麼樣的店家。舉例來說如果我去一個中低價位（可能一個小時 350 銖的泰式按摩）的 spa 店我就會給 50 銖起跳，高價位的 spa 就以 100 銖起跳，老實說不一定要給，但想想他們平均工資就不高，好歹人家也花了時間在你身上，給一點小費慰勞服務人員似乎也是應該的（尤其你又很滿意他的服務）。

HEALTH & SECURITY | 飲食衛生・治安

這個部分一直是我最常被問到的問題，很多台灣人很怕這邊不夠衛生，而有上吐下瀉的情況發生（曼谷和台北一樣自來水是不能直接飲用的）。我個人認為出國旅遊本來就可能會遇到水土不服的狀況，若你腸胃本身就很常出問題那當然不能肆無忌憚地亂吃。要說曼谷很「髒」，我倒覺得也太過以偏概全，如果你自己衛生習慣不好，可能到哪裡都很容易生病（或是本身很愛亂吃一些路邊感覺就放很久的食物這樣不生病才怪），基本上飲食衛生我覺得沒有太差，就是口味酸辣甜而已。

治安如同衛生，一般來說曼谷的治安相當安全，但並不代表自己就該大意，到哪邊都還是要注意自身的財物及安全，才能有開心平安順利的旅程，真的不必太擔心，但也不能因此就做出危險舉動（希望你懂我的意思）。我很常跟問我：「曼谷安不安全？可不可以自己一個人去？」的朋友說，你覺得台北安全嗎？不管到哪裡都會有犯罪問題及風險，只能自己提高警覺，以我到訪過的國家及城市，曼谷對我來說跟台北真的差不了多少。

CULTURE | 文化風俗習慣

曼谷的文化風俗和台灣差不多，我個人覺得出門在外若隨時保持著尊重當地文化的心情，就算真的小出錯，當地人也會寬容體諒（前提要自己也很客氣），要當個有風度和水準的觀光客。特別注意前往寺廟和五星級飯店、高級餐廳時的穿著，像是寺廟不能穿得裸露（短褲短裙背心都不可以）、高級場合不能穿短褲拖鞋等。另外，泰國買酒精飲品是有時間的限制（上午 11 點至下午 2 點及下午 5 點至凌晨 12 點），除了這兩個時段，在超商、超市是不販賣酒精飲品的，不過一般的餐廳還是可以點選酒精飲品（除非是佛教節日，真的連酒吧也會關門，買不到酒）。（重要的佛教節日有五天依照佛曆每年確切的日期不同，萬佛節約在二、三月、佛誕日約在五、六月、三寶節約在七、八月、守夏節約在七、八月、出夏節約在十月。）

BUSINESS HOURS | 營業時間

曼谷的百貨公司營業時間為 10:00-22:00，但小店、咖啡店、餐廳等店家的營業時間不一，規模小的獨立店家營業時間會很隨性（要知道泰國人整個就是走一個隨性風），建議造訪前直接打當地電話詢問以免撲空（尤其是在潑水節期間，大約每年的四月 13-16 日）。

TAX REFUND | 退稅

如果消費時有看到 VAT Refund For Tourists 的標示就代表觀光客消費滿 2000 銖可以辦理退稅（若沒看到標示在購買前還是可以主動詢問一下），消費 2000 銖可退 80 銖，如果沒有隨身帶護照正本也至少出示護照影本才可以辦理

喔！店家辦理的退稅單在機場時還要到海關檢驗蓋章，出境檢查護照後就可以辦理退款，老實說退的錢實在不多（拿到少少的錢在機場好像也買不到什麼厲害的東西），但人不要跟錢過不去，或是把退稅的錢留下來下次到曼谷使用（為下次來曼谷旅遊找理由）。

EMERGENCY | 緊急事件處理

出國在外，不得不說一切都要小心，以防真的有什麼事情發生，以下是實用的緊急聯絡電話（希望大家都不會用到啊！）

報警	191	旅遊警察	1155
火警	199	急救電話	1691

中華民國駐泰代表處一般聯絡　　　+662 670 - 0200

中華民國駐泰代表處重大緊急事件　001- 800 - 0885 - 0885
※ 如車禍、搶劫、生命危險

CHAPTER 2.

住在曼谷

A FIVE-STAR HOTELS

B BOUTIQUE HOTELS

C MID-RANGE HOTELS

D HOSTELS

Staying in Bangkok

玩曼谷到底該住哪一區？

我想一定很多人會有這樣的疑問，基本上我覺得曼谷的方便程度跟在台北一樣，就像有外國朋友到台北玩問我飯店要訂哪裡，我都會跟他們說只要離捷運站不要太遠其實都很 ok。曼谷也是差不多，住在搭乘大眾交通工具方便的位置對於遊客來說當然是比較方便。

不過再怎麼樣還是要看自己主要旅遊的點落在哪裡，如果來到曼谷旅遊的天數夠多（以我自己個人旅遊的步調，我會覺得遊曼谷至少要一個星期），不要看到這邊就跺腳跟我嚷嚷說：「我最好是有一個星期的假可以請啦」，當然幾天都可以遊曼谷的，自己開心就好（真的不用理我）。但為什麼我會說至少要一個星期，因為我自己在這邊都住了六年，還是有很多地方沒去過（前提是你有真心想要玩透曼谷的話）。

如果真的很幸運地有一個禮拜的時間可以遊曼谷，那我就會建議花個一天入住五星級飯店。我真心覺得曼谷五星級飯店 CP 值很高，到別的國家旅遊可能住不起五星級飯店，一到曼谷卻可以有機會住飯店，一整天泡在高級飯店裡享受飯店設施跟放鬆，然後再把剩下的天數分為遊市區和曼谷老城的部分。

很多西方的遊客只在曼谷老城區或是昭批耶河河岸邊的重要景點遊玩而忽略感受曼谷現代城市的脈絡，反之，亞洲遊客來到曼谷只待在曼谷市區的購物中心內，我都覺得有點可惜。所以可以的話當然是旅程的一半選擇住在老城區或是河岸邊，另一半時間待在曼谷市區，可以方便體驗到不同面貌的曼谷。

Bangkok Accommodation Map

曼谷住宿地圖

(A) FIVE-STAR HOTELS 五星級飯店

01 The Sukhothai
02 Park Hyatt Bangkok
03 COMO Metropolitan
04 Mandarin Oriental Bangkok
05 Waldorf Astoria Bangkok
06 137 Pillars Bangkok
07 Okura Prestige Bangkok

(B) BOUTIQUE HOTELS 特色精品飯店

01 Ariyasom Villa
02 1905 Heritage Corner
03 Baan 2459
04 Bangkok Publishing Residence
05 The Cabochon Hotel

(C) MID-RANGE HOTELS 中價位飯店

01 Hotel Once
02 Volve Hotel
03 Amdaeng Riverside Hotel
04 Chann Bangkok Noi
05 Ad Lib
06 Baan Pra Nond
07 Josh Hotel Bangkok
08 IR-ON Hotel
09 Ta Lak Kia Boutique Hotel

(D) HOSTELS 背包客旅館 / 青年旅館

01 One Day Hostel
02 Hostel URBY
03 Pinto Hostel
04 Ama Hostel
05 Kloem Hostel
06 Kanvela House
07 LITA Bangkok

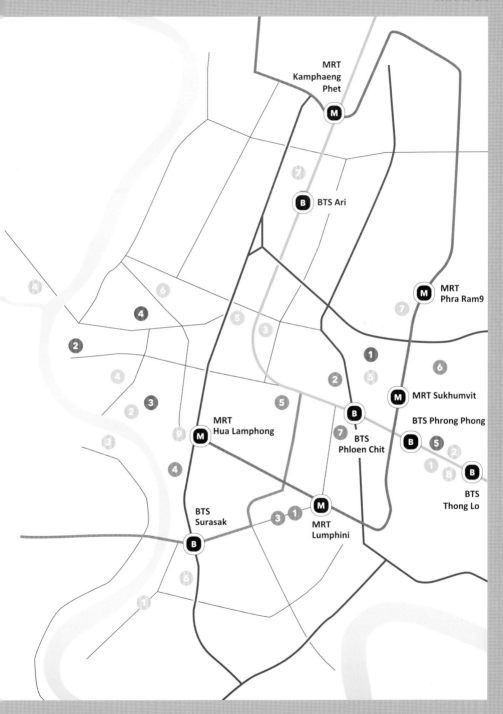

Recommended Accommodation in Bangkok

曼谷住宿真心推薦

曼谷的住宿真的只有「五花八門」可以形容，從奢華頂級到不行的五星級飯店到一晚三百台幣的青年旅館床位都有，各種設計、各種主題、特色飯店，高 CP 值是我對曼谷住宿的一個感想。曼谷的飯店算是我們一直都在瘋狂矚目和研究的（自認為是飯店迷），飯店對於我們來說就像是喜歡用名牌設計包的道理是一樣的（可能對別人來說就是一個奢侈嗜好），也因為我們住在曼谷，我們更有機會細細品味各飯店的設施及服務（畢竟我們住在曼谷的飯店是真心享受待在飯店的一分一秒，而不需要趕行程）。飯店不是只有「睡覺」而已，從中可以體驗美感、了解品牌精神，更重要的是和其他旅客或飯店工作人員交流而更加認識曼谷。曼谷的住宿上千選擇，我們特別在這邊挑選一些我們曾經住過，且深深刻在我們記憶中的，還有一些我們想去住還沒住過的，我知道這個列表只會一年比一年更多。

> ※ 每晚的價格根據季節時間會有浮動，僅供參考。

FIVE-STAR HOTELS 　　五星級飯店 　　A

Ⓐ The Sukhothai

(1) 經典泰式設計融合現代低調設計的
五星飯店，散發獨特泰式魅力，花
園圍繞著飯店猶如城市綠洲，有種
濃濃的泰式風格，是我們覺得 CP
值相當高的五星飯店。

Sathorn 市區 *Near MRT Lumphini．8000 元／晚*

Ⓐ Park Hyatt Bangkok

(2) 2017 年最受矚目的嶄新五星級
飯店，飯店緊連著貴婦精品百貨
Central Embassy，住在這邊讓人
有頂級的服務、娛樂、購物享受。
是荷蘭弟目前在曼谷最喜歡的五星
飯店，設計低調奢華，品味出眾。

市區 *Near BTS Phloen Chit．12000 元／晚*

Ⓐ COMO Metropolitan

(3) 極簡簡約的五星級設計飯店，讓人一進來就有舒服的日式清新感，喜歡這邊全白的室內設計，算是曼谷走極簡設計飯店的先驅。當然絕對不能忘記全亞洲最佳餐廳之一泰式創意料理的 Nahm 就在這。

Sathorn 市區 *Near MRT Lumphini*
8000 元／晚

Ⓐ Mandarin Oriental
(4) **Bangkok**

創立於 1876 年的文華東方是曼谷歷史最悠久且最經典的五星級奢華飯店。高級的服務讓人賓至如歸，它絕對是我們在曼谷最想入住的飯店（可惜貴鬆鬆），總有一天我會征服它的！就算沒機會住在這邊也要來試試他們知名的酒吧、下午茶或是 SPA。

河岸區 *Near BTS Saphan Taksin*
35000 元／晚

Ⓐ Waldorf Astoria
(5) **Bangkok**

Waldorf Astoria 是希爾頓集團最高級的系列，也是該品牌在東南亞的首間分店。位置相當便利，服務滿分，2018 年受到飯店迷們的大力讚賞，套房房型空間超大，很適合家庭入住。

市區 *Near BTS Chit Lom / Ratchadamri*
12000 元／晚

Ⓐ 137 Pillars Bangkok

⑥ 這個由清邁發跡的泰國本土精品飯店品牌，分為飯店套房 Suites 和飯店式公寓 Residences 房型，可按照自己的需求和預算選擇適合的房型。因為無邊際泳池的美景成為 IG 網紅最愛打卡入住的飯店。

市區 *Near BTS Phrom Phong*・6000 元 / 晚

Ⓐ Okura Prestige Bangkok

⑦ 日本的飯店品牌有著強烈的日式風格及服務，寬敞的客房和各種設施讓你享有一流的住宿體驗。我很愛這邊的房間都是在高樓層，所以景色都不會差到哪去，還有日式早餐也是我個人的最愛。

市區 *Near BTS Phloen Chit*・8000 元 / 晚

BOUTIQUE HOTELS | 特色精品飯店 | B

B Ariyasom Villa

(1) 位於深巷內的 Ariyasom Villa 為 1942 年建造的私人住宅，2008 年改成精緻旅館，以四○、五○年代的曼谷為主題，帶有現代化的飯店設施。遠離喧囂讓人完全放鬆。

市區 *Near BTS Phloen Chit / Nana*
6000 元 / 晚

B 1905 Heritage Corner

(2) 百年的老屋經過四年進行內部改建及裝潢。只有三個房間，使用拋光老式木材和古董傢俱佈置，散發出中泰經典風味。屋主為一對熱愛傳統音樂、工藝的情侶檔，雖然完全沒有經營旅館業的背景，卻提供最精緻的服務。位於 Phraeng Phuthon 廣場內，周圍相當多道地經典的小攤美食，順便來個曼谷美食之旅。

老城區 **Ratanakosin** · *4500 元 / 晚*

B Baan 2459

③ 這家小型精品飯店在曼谷中國城
Yaowarat 附近，是一棟充滿歷史故
事的老宅，老闆夫妻二人將其變成
了一個擁有柔和色調的特色精緻旅
館，四間客房經過精美翻新，配有
四柱床架、古典傢俱和貓爪浴缸，
而公共區域掛著老宅過往的照片，
講述著建築豐富的故事。

Chinatown *Near MRT Hua Lamphong*．
5000 元／晚

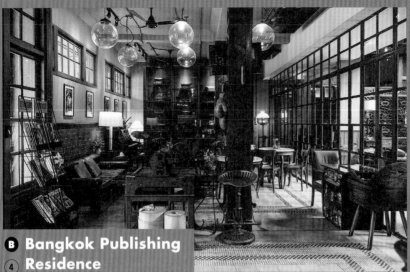

B **Bangkok Publishing Residence**
④

這間精品飯店位於曼谷老城區，前身是一間印刷廠，印刷廠老闆的第二代突發其想將它改建為精品飯店經營。大廳如同家庭式的博物館，展示了大量的舊雜誌、古董打字機和家庭紀念品，從中讓房客了解印刷廠的故事及老曼谷的歷史。最值得一提的是飯店選用的微米凝膠床墊，讓人睡到沒有明天。

老城區 Ratanakosin・6000 元 / 晚

B **The Cabochon Hotel**
⑤

位於小巷巷底的 The Cabochon Hotel 由台灣設計師葉裕清所有，裡面擺有私藏古董，混合老上海和南洋味的精品設計飯店，若沒有住在這邊的朋友們也還是可以來試試他們的餐廳或是酒吧。我特別喜歡這邊安靜、隱密的氛圍。

市區 *Near BTS Phrom Phong*・6000 元 / 晚

MID-RANGE HOTELS　　中價位飯店　　│ C

Hotel Once

比起其它河濱的五星級飯店，這個小型的設計精品飯店價格划算超值，離河濱碼頭夜市非常近，深受台灣遊客喜愛。最受到推崇的是大型按摩浴缸房型，在這可以拍好幾組假掰照。

河岸區・3000 元 / 晚

Volve Hotel

位於 Thong Lo 區的設計飯店，飯店整體設計走一個簡約的藝術風格，每個房間擺著泰國藝術家作品，飯店貼心繪製的散步地圖讓人更全面的體驗附近的商家。

市區 Near BTS Thong Lo・4500 元 / 晚

Amdaeng Riverside

朱紅色的建築和全紅色的游泳池，非常吸睛。大廳內擺著古董傢俱、褪色的鏡子和閃閃發光的吊燈，都讓人沈醉。客房都配有古董傢俱、獨立貓爪浴缸和淋浴間，面向河流的陽台景色呈現出浪漫的氣氛。

河岸區・3000 元 / 晚

Chann Bangkok Noi

18 間客房和 4 間套房分佈在柚木別墅中離鬧區有段距離又在安靜的社區內，輕鬆的氛圍讓人像是在渡假。客房保持簡單的設計，運用了溫暖的木材、天然紡織品，展現現代風格。

河岸區・3000 元 / 晚

Ⓖ Ad Lib

⑤ Ad Lib 擁有現代化的設計線條和大地感的材料製作，在喧囂的城市中提供了一個舒適的避難所。特別熱愛飯店所提供的早餐，早餐的用餐時間延長到 11 點且採用點餐式的，提供精緻的早午餐餐點。

市區 *Near BTS Nana*・3000 元／晚

Baan Pra Nond

Baan Pra Nond 為屋主祖父老法官的故居，這座有著快 70 年歷史的殖民式建築，改建為散發獨特魅力的民宿旅館，和周遭的商業大樓成為強烈的對比。迷人的大廳其實就是以往老屋的客廳，裡面擺著數張老照片，訴說著家族及曼谷的歷史。店狗米格魯不時出現討客人摸，家庭式經營更顯得溫暖。

Sathorn 區 *Near BTS Surasak* · *2000* 元／晚

Josh Hotel Bangkok

充滿設計的飯店，客房簡單乾淨，價格親民，CP 值高，推薦給小資族或學生族群。附設的泳池、飯店的酒吧也十分值得讓人一訪。

市區 *Near BTS Ari* · *2000* 元／晚

IR-ON Hotel

價格合理的工業風室內設計，附有怎麼拍怎麼美的咖啡店。房間簡單，尺寸不大，在鬧區算是價格相當便宜，適合有預算考量又喜歡設計感的旅客。

市區 *Near BTS Thong Lo* · *2000* 元／晚

Ta Lak Kia Boutique

位於著名華人據點 Talad Noi 內由家族經營的小旅館，整潔簡單，房價相當便宜。是了解泰國華人聚落（曼谷中國城 Yaowarat 就在附近）相當便利的住宿。

Chinatown · *1500* 元／晚

HOSTELS | 背包客旅館·青年旅館 | D

大家都知道曼谷是背包客的天堂，當然有一堆大大小小的背包客旅館。想當年我還是窮學生時，第一次泰國自助就是走一個背包客克難的行程。當時聽其他來自不同國家的背包客們互相交換旅遊心得，發現居然還有人可以在曼谷找到一個晚上 80 銖的床位（不過那個感覺非常簡陋、不安全，人生不用那麼艱辛克難的好嗎？），Anyway 不要以為背包客旅館因為平價就沒品味，在曼谷當背包客還是可以很有型的。雖然我們已經離背包客的日子相當久遠，尤其生了小孩後住在背包客式旅館的機率可以説是 0。我們還是在這邊幫大家挑選出七間有特色、高評價的背包客住宿，獨自旅行或是旅行時有一定預算或就是想體驗背包客式旅館結交其他旅客朋友的人可以參考看看囉！

One Day Hostel

1 市區 *Near BTS Phrom Phong*
約 *600* 元 / *1* 晚 *1* 個床位

Hostel URBY

2 河岸區 · 約 *700* 元 / *1* 晚 *1* 個床位

Pinto Hostel

3 市區 *Near BTS Ratchathewi*
約 *400* 元 / *1* 晚 *1* 個床位

Ama Hostel

4 老城區 · 約 *200* 元 / *1* 晚 *1* 個床位

Kloem Hostel

5 市區 *Near BTS Phaya Thai*
約 *230* 元 / *1* 晚 *1* 個床位

Kanvela House

6 老城區 *Ratanakosin*
約 *500* 元 / *1* 晚 *1* 個床位

LITA Bangkok

7 市區 *Near MRT Phra Ram9*
約 *400* 元 / *1* 晚 *1* 個床位

Bangkok Food

吃好吃滿！曼谷美食

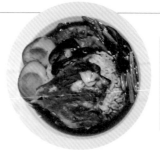

盤子裝飯，湯匙和叉子吃飯！

來到曼谷怎麼可能不吃吃喝喝？搬到泰國後才知道原來真正的泰國菜跟在台灣吃的泰式料理餐廳完全不一樣（台灣的泰式餐廳絕大部分還是有種台味），泰式料理的多元也絕對不是只有一般遊客喜歡吃的綠咖哩、冬蔭功海鮮酸辣湯等等而已。在這邊特選「我們心目中」最愛的泰國美食（老實說只選這幾樣真的很難），精選中的精選給來曼谷玩的你參考看看。另外當然也附上我們心目中覺得最好吃的餐廳，老實說如果有時間再衝這些餐廳啦！不然就是隨性地在路上有看到點來吃就好了，推薦店家是我個人的喜好，不代表曼谷其它地方賣的就不好吃。

❶ Som Tum 涼拌青木瓜

這是一道相當常見的菜，尤其在任何東北料理 Issan 餐館都一定會有，我最喜歡加了鹹蛋的涼拌青木瓜或是加有玉米的涼拌青木瓜。

*Where to eat？*這是一道相當常見的菜，一般泰式料理店家都會有。

❷ Kao Kha Moo 豬腳飯

泰式豬腳飯和台灣的豬腳飯有點不一樣，這邊的豬腳燉得更加軟嫩，醬汁更多了一點甜味，是我爸媽最愛吃的一道料理（比較有台灣味）。

Where to eat？

· **Kak Moo Charoen sang**
Open　　　07:30-13:30
How to go　河岸區，在 *BTS Saphan Taksin* 下車，再步行約 *7* 分鐘。
Cost　　　*1* 份約 *40-50* 銖

這個很不辣！

❸ Gang Massaman 瑪莎曼咖哩

這是道泰國南部常見的料理（但其實在曼谷的餐廳、小攤都可以吃到），來到曼谷的餐廳才發現各種咖哩的辣度都很逼人，瑪莎曼咖哩算是比較溫和的咖哩，很適合我這種隨著年紀變大而不太吃辣的人。

*Where to eat？*這是一道相當常見的菜，一般泰式料理店家都會有。

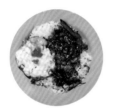

口味和台灣吃到的完全不同！

❹ Ga Pow Moo 打拋豬

一到用餐時間路邊小攤最常見泰國人快速的點一盤 Ga Pow Moo 打拋豬飯（有時加個煎蛋），這個以碎肉、泰式羅勒、魚露為主加以拌炒的料理可以說是國民美食，泰式羅勒更多了層香味。

*Where to eat？*這是一道相當常見的菜，一般路邊熱炒店都會有。

湯頭的胡椒粉味很重！

❺ Guay Jab 豬雜粿汁

正方形的寬米粉煮熟後就整個捲曲起來，配料是脆皮豬肉、豬雜內臟，是一道中泰混血道地路邊美食，一般來說要吃到好吃的可能需要到中國移民多的社區（例如曼谷中國城 Yaowarat）。

Where to eat？

・ Kuai Chap Uan Photchana

Open　18:00-03:00
How to go　建議使用 *Grab* 叫車前往。
Cost　1 碗約 50 銖

薑黃、生薑為主的咖哩湯底。

❻ Khao Soi 泰北咖哩麵

源自泰國北部，以薑黃、生薑為主的咖哩湯底加上椰奶中和，主角為以小麥製作的雞蛋麵，通常以雞肉咖哩麵最為常見，可以依照個人喜好添加洋蔥、酸菜、辣椒醬，是我們最喜歡的泰北料理。

Where to eat？

・ Ongtong Khao Soi　（請參閱 P.244）

Open　10:30-20:30
How to go　在 *BTS Ari* 下車，再步行約 1 分鐘。
Cost　1 碗約 100 銖

❼ Jim Jum 東北小陶鍋

源自泰國東北 Issan 的小陶鍋 Jim Jum 可一圓愛吃火鍋的台灣人（我）的夢，配料通常為豬肉、青菜、冬粉等，也是一道很溫和的料理，個人非常愛 Jim Jum 的湯。

Where to eat？

・ Laab Ubon

Open　17:00-03:00
How to go　*Sathorn* 區，在 *BTS Surasak* 站下車，再步行約 2 分鐘。
Cost　1 道菜約 100 銖，平均一個人大概約 300 銖，可以吃到很撐。

太下飯了！

怕胖的人要小心！

❽ Larb Moo 東北涼拌豬肉

碎肉和香料、魚露、檸檬汁混合而成的涼拌沙拉，酸辣爽口，通常會搭配各種生菜、糯米飯或涼拌青木瓜一起食用。我最喜歡配糯米飯，不知不覺會吃很多。

*Where to eat？*一道常見的菜，尤其在東北料理 *Issan* 餐館都一定會有，或是到 *JaeKoy* 吃。

- **JaeKoy**（請參閱 P.220）

  Open　　17:00-03:00

  How to go　在 *BTS Ratchathewi* 下車，再步行約 *2* 分鐘。

  Cost　　1 道菜約 100 銖，平均一個人大約 300 銖，可以吃到很撐。

❾ Kanom Jeen 泰式米線

泰式米線由米飯發酵製成，彈牙爽口（有點像雲南米線），通常淋上椰奶湯汁、咖哩湯汁等，再搭配各式生菜、酸菜、黃瓜，是很常見的泰國道地美食。

Where to eat？

- **Khao Gaeng Jake Puey**（請參閱 P.072）

  Open　　15:00-20:00

  How to go　*Chinatown* 區，建議使用 *Grab* 叫車前往。

  Cost　　1 碗約 35 銖

❿ Kao Man Gai 海南雞飯

白斬雞配上雞油香的米飯，是很多來到曼谷的華人遊客最喜歡吃的料理之一。我個人最喜歡附餐的清湯（看到這邊應該發現我是清湯控），就算沒有白斬雞我也可以吃好幾碗（完全不在乎雞肉這個主角）。

*Where to eat？*這是一道相當常見的菜，很多遊客喜歡去吃水門市場的海南雞飯，我反而覺得這間在老城區的 *Lanfah Chicken and Rice* 更好吃，還可以順便在老城區附近亂晃。

Where to eat？

- **Lanfah Chicken and Rice**

  Open　　06:00-14:00（Close on every Mon）

  How to go　*Ratanakosin* 區，建議使用 *Grab* 叫車前往。

  Cost　　1 份約 40-50 銖

⓫ Satay 沙嗲

雖然沙嗲是源自印尼，但泰國真的將它發揚光大。濃郁的花生醬料、配上清爽的醃製小黃瓜，有時還可以點選配上烤吐司，難怪成為相當受到歡迎的美食小吃之一。

Where to eat？

- **Dee Moo Satay Thadingdaeng**

  Open　　07:30-01:00

  How to go　河岸區，在 *BTS Saphan Taksin* 下車，轉船到 *Rajchawongse* 碼頭，再轉船到對岸碼頭 *Din Daeng Cross River Ferry Pier*。

  Cost　　15 支約 90 銖

荷蘭弟最愛的路邊餐點。

⑫ Pad See Eiu 炒河粉

以醬油、大蒜、河粉、芥蘭、豬肉片下去乾炒的料理，受到中國移民飲食文化所影響的菜餚。一般路邊攤都可以輕易點到。
Where to eat？這是一道相當常見的菜，一般路邊熱炒店都會有。

軟嫩的雞肉與濃厚的咖哩米飯！

⑬ Kao Mok Gai 泰式印度香飯

泰國式的印度香飯來自泰國南部的伊斯蘭文化飲食，比起印度版，我個人覺得泰國的 Khao Mok Gai 多了點東南亞味，米飯比較不那麼生硬難嚥，濃厚咖哩香氣的米飯配上軟嫩的雞肉，很快就會馬上嗑完。
Where to eat？

· **Muslim Restaurant**（請參閱 P.271）

Open	06:30-17:30
How to go	河岸區，在 BTS Saphan Taksin 下車，再步行約 6 分鐘。
Cost	1 份約 50-150 銖

好吃度爆表的路邊美食！

⑭ Guay Teow 泰式米粉湯

這應該是我最常在曼谷街頭吃的路邊攤料理。一般來說湯頭為清湯配魚丸、肉丸或是碎肉的最常見，可以點選麵條種類（雞蛋麵、米粉、細河粉、粄條），以個人喜好添加配料（辣椒粉、酸辣椒水、魚露、糖、碎花生米等）。
Where to eat？路邊攤很常見，但我特別推薦 Saew Noodles。

· **Saew Noodles**

Open	08:00-16:30
How to go	在 BTS Thong Lo 下車，再步行約 6 分鐘。
Cost	1 碗約 50-60 銖

⑮ Tom Ka Gai 泰式椰汁雞湯

混合雞湯、椰奶，加入南薑、香茅、檸檬葉等（泰國的湯真是放一堆香料葉，這些東西通常不能吃，常讓人傻傻分不清），也有放雞肉塊、草菇，和一般台灣遊客喜歡的 Tom Yum Krung 泰式酸辣海鮮湯不同，Tom Ka Gai 更多了濃厚的椰香味。
Where to eat？這是一道相當常見的菜，一般泰式料理店都有。

Bangkok Dessert

吃好吃滿！曼谷甜點

泰國人是出了名的「甜牙齒」，愛吃甜到一個不行，這邊絕對沒有飲料「半糖」或是「無糖」的概念。也是因為泰國料理通常酸辣居多，若吃得太辣，用甜品來中和一下，喚醒自己的味覺。泰國很多具有特色的傳統甜點，在這邊列舉其中我們最喜歡的幾樣，老實說很多地方都可以找到或是看到這樣的甜點，我們還是附上推薦的店家，如果沒有特別附上的店家就是我們目前覺得隨意在路上看到的也是挺好吃的意思（但我人生就是走一個順便），剛好在附近就去一下我們推薦的店家吧！

❶ Cha Yen 泰式奶茶

相信它在台灣人的心目中已經無人不知，台灣的夜市都有在賣了，來到曼谷又怎麼可以錯過正宗的泰式奶茶呢？這款國民飲料不管在路邊小攤或是餐廳都可以看到。如果要再進階一點，在飲料小攤可以嘗試亂點其它款泰式飲料試試。

*Where to drink？*路邊、餐廳都可以輕易找到，或是到深受遊客喜愛的手標茶專賣店（但我個人是覺得沒有什麼太大的差別）。

受到遊客喜愛的街頭小吃點心！

❷ Roti Gluay 香蕉煎餅

泰國飲食文化相當多元，其中也深受伊斯蘭文化的影響，Roti 煎餅可以單吃淋上煉乳、巧克力醬或是加上新鮮香蕉切片。

*Where to eat？*街頭常見的攤販，或當地人喜歡的แตออโรตีซาซัก。

- **แตออโรตีซาซัก**

Search	https://reurl.cc/dpAVy
Open	18:30-23:30（Close on every Mon）
How to go	在 BTS Ratchathewi 下車，再步行約 5 分鐘。
Cost	1 份約 20-30 銖

❸ Ice-Cream-Kati 椰子冰淇淋

若想要嘗試泰式的吃法是用吐司麵包夾椰子冰淇淋，再加上糯米飯、玉米粒、碎花生，相信我！絕對顛覆你的味蕾。

Where to eat？ Chatuchak 週末市集裡有很多家專賣椰子冰淇淋的攤販，但我個人獨愛這間在 sathorn 區的 ไอติม สวนพลู 8。

- **ไอติม สวนพลู 8**

Search	https://reurl.cc/V2lXZ
Open	12:00-23:30
How to go	Sathorn 區，在 BTS Sala Daeng 或是 MRT Lumphini 下車，再步行約 20 分鐘。
Cost	1 杯約 13 銖

❹ Khao Niaow Ma Muang 芒果糯米飯

芒果配糯米飯？！一般遊客第一次聽到可能都會有點排斥，殊不知它淋上椰奶醬和撒上炒過的綠豆仁可以如此美味，另外還有榴槤版本（就是榴槤配上糯米飯），絕對是來到曼谷不能錯過的道地甜點。

*Where to eat？*市場、路邊或是生鮮超市都有，一到芒果季更是好找。如果人在市區可以去 *Mae Varee Sweet Sticky Rice with Mango*。如果人剛好在老城區試試 *Kor Panich Sticky Rice*。

- **Mae Varee Sweet Sticky Rice with Mango**
  - Open   *06:00-22:00*
  - How to go 在 *BTS Thong Lo* 下車，再步行約 *1* 分鐘
  - Cost   *1* 份約 *150* 銖

- **Kor Panich Sticky Rice**
  - Open   *07:00-18:30*
  - How to go *Ratanakosin* 區，建議使用 *Grab* 叫車前往。
  - Cost   *1* 份約 *100* 銖

❺ Kanom Tuay 泰式椰奶酪

在街上常看到賣著 Kanom Tuay 的攤販，推著推車，上頭擺著數個小碟子，外觀看起來就像台灣的狀元糕。它是以米麵粉、椰奶、糖做成的甜點，口感有點像奶酪。

*Where to eat？*在比較 local 的區域可以看到，或到 *Nang Loeng Market* 裡的老店 *Kanom tuay at Montha*。

❻ Nam Kang Sai 泰式三種冰

泰國版的三種冰，當然你可以多加任何配料，糖水有分一般的糖水或是椰奶糖漿，配料和台式的三種冰不同，更多了點南洋風味。刨冰本身和台灣的細冰也有些不一樣，泰國的比較偏向小碎冰。

*Where to eat？*相當常見，百貨公司的美食街都可以輕易找到。我們推薦這間 *Chengsimee Ice Kacang*。

- **Chengsimee Ice Kacang**
  - Open   *11:00-23:00*
  - How to go *Ratanakosin* 區，建議使用 *Grab* 叫車前往。
  - Cost   *1* 碗約 *30-40* 銖

非常好吃！我可以吃掉一整盒！

❼ Kanom Krok Bai Toey 香蘭葉蛋糕

鮮綠色的外觀花朵造型，以香蘭葉為主要的原料。有些人說它是泰國版的雞蛋糕，但我覺得它的口感比較像台灣的發糕。

*Where to eat？*一般街上不太常看到，大力推薦這間在 *Siam* 區的 *Siam Pandan*。

- **Siam Pandan**
  - Open   *11:00-18:30*
  - How to go 在 *BTS Siam* 下車，再步行約 *2* 分鐘。
  - Cost   *1* 份約 *40* 銖

❽ Khanom Krok 椰醬米煎餅

以糯米粉、糖、椰奶混合而成的麵團，放進圓形小鐵鍋製作。一面酥脆，另一面則是吃到濃濃的椰醬，配料分別為椰肉、玉米、蔥花等，椰香撲鼻，相當美味。

Where to eat？街頭常見，但最愛這間 ขนมครกแพร่งภูธร。

・**ขนมครกแพร่งภูธร**

Search	*https://reurl.cc/4lnmL*
How to go	建議使用 *Grab* 叫車前往。
Cost	*1 份約 25 銖*

❾ Khanom Bueang 泰式夾煎餅

外型有點像墨西哥的塔可夾餅，但和墨西哥夾餅不同的是，泰國的夾餅裡面夾的不是脆肉而是加滿椰子奶油，並灑上椰絲、蛋黃條 Foi Thong、蔥花等，是相當古老悠久的泰式甜點。

Where to eat？街頭或是傳統市場常見的甜點，或是到在老城區的 Khanom Bueang Phraeng Nara。

・**Khanom Bueang Phraeng Nara**

Open	*11:00-17:00（Close on every Sun）*
How to go	*Ratanakosin* 區，建議使用 *Grab* 叫車前往。
Cost	*1 份約 30 銖*

❿ Khanom Pan Sangkhaya 香蘭葉沾醬

這是道在泰國老式咖啡店常看到的小點。切成塊的吐司，配上這個以香蘭葉為主要原料的綠色沾醬（有時可以看到橘色的沾醬是 Sang-Kha-Ya-Khai，也很好吃），再配上一杯冰涼的泰式奶茶或泰式咖啡，是相當道地的組合。

Where to eat？若在街頭看到賣豆漿的攤販通常也都會賣這樣甜點，或是到 Mont Nom Sod。

・**Mont Nom Sod**

Open	*14:00-23:00*
How to go	*Ratanakosin* 區，建議使用 *Grab* 叫車前往總店，或到 *MBK* 商場的 *BTS National Stadium* 分店。
Cost	*1 份約 25 銖*

⓫ Look Choop 水果造型泰式綠豆椪

將綠豆沙搓揉成形再用食用色素上色，外頭裹上果膠，而有閃閃發亮的光澤，是我個人非常熱愛的泰式傳統甜點。

Where to eat？有時在市集可以看見販賣的攤販，或是到泰式傳統甜點店 Kaopeenong 在 Paragon、Emporium、Emquartier 樓下超市的甜點部都有設櫃。

Bangkok Souvenir

不買後悔！特色伴手禮

沒來過曼谷還真的不知道曼谷原來有那麼多東西可以買，一般來到曼谷的台灣觀光客可能會按照網路上的分享文章的「必買」建議。對我們來說，每一個人的「必買」清單一定都不一樣，我們在這邊挑選出一些融入泰國當地的特色生活小物、年輕設計師的品牌，當然還有我個人推薦覺得泰國特有的特色土產零食，下次來到曼谷不要只買「大象鑰匙圈」或是傳統木雕那種很一般的紀念品店賣的商品了！

當地人常用的特色生活用品　1——4

❶ 泰國錫杯

很久很久以前還沒有塑膠製品時，這樣錫製的杯（碗）常出現在泰國人的生活裡。杯子、水壺有各種大小及設計，通常用來裝水。尤其是寺廟、節慶時用來承裝水。
Where to buy？請參閱 P.293 恰圖恰週末市集的店家。

❷ 竹編商品（竹編籃子、竹編扇子）

來曼谷怎麼可能錯過各式各樣的竹編商品呢？要舉泰國的傳統工藝當然一定不會不提到竹編物，竹編商品在一般泰國人家中也十分常見，像是竹編的小凳子、小桌、蒸糯米飯竹籃、遮陽帽等等，太多太多東西都是竹編製成。其中我們最推薦遊客容易攜帶的竹籃（通常分各種尺寸、設計），回台灣可以裝有的沒的小物，還有竹編扇子，泰國那麼熱，旅遊時馬上就可以用。
Where to buy？請參閱 P.294 的竹編物店。

❸ 公雞碗

由中國廣東移民帶來泰國的瓷碗，上面繪有公雞圖案，是「吉祥」的意思。瓷碗有不同尺寸，也有做成瓷杯、瓷壺。路邊攤麵店都可以常常看到店家使用這款瓷碗。最小尺寸的碟子約 10 銖。
Where to buy？請參閱 P.293 的瓷器店。

❹ 復古珐瑯瓷盤、餐具

以兔子牌最為著名，有出一系列餐具、容器。我們最喜歡印上花樣的瓷盤，復古味相當濃厚，有各種大小尺寸，買來不一定要當作盤子用，把它掛在牆上當作掛飾讓家裡有種泰國復古風。
Where to buy？請參閱 P.293 恰圖恰週末市集的店家。

特色設計師品牌　　5——11

❺ Cosmos and Harmony 肥皂

受到自然和文化啟發的保養品牌，推出天然和環保產品，包括肥皂、沐浴乳、乳液等，其中這款 Ease Up With Style 肥皂系列以泰國藥草為主製成。
Where to buy ？ Siam Discovery 的 ODS 請參閱 P.224。
Cost：約 300 銖

❻ Pariwat Studio 數位設計圖

由視覺設計師 Pariwat Anantachina 所經營的 Pariwat Studio，販賣設計師的拼接影像作品，充滿現代設計藝術感，呈現曼谷的城市街景風貌，價錢也不是很貴，是入手泰國設計藝術家作品的首選之一。
Where to buy ？ Siam Discovery 的 ODS 請參閱 P.224。
Cost：約 3000 銖

❼ The Only Market 產品

以老曼谷為靈感結合街頭時尚的品牌，簡單的字樣，推出一系列的 t-shirt、托特袋、帽子等，簡單時髦，也相當實穿。此品牌還和很多曼谷知名藝人合作，背後有時尚品牌撐腰，滿值得帶一件 T-shirt 回家的。
Where to buy ？ Siwilai store（Central Embassy）請參閱 P.174。
Cost：1 件 T 恤約 1990 銖

❽ THINKK Studio 杵臼

我們一直很喜歡由泰國創意設計團隊 THINKK Studio 所設計的作品，他們的產品融合泰國傳統設計和當代設計的元素，每次逛街看到他們的產品都好想全部包回家。商品涵蓋的範圍很廣，餐盤、瓷器、燈罩、茶壺等，THINKK Studio 都有不同的泰式詮釋，是簡單又富有趣味的設計傢飾品。
Where to buy ？ Siam Discovery 請參閱 P.224。
Cost：約 2500 銖

❾ Hom 香氛蠟燭

這個品牌走「永續經營」的模式，使用天然的大豆製作香氛蠟燭，燃燒使用時不會產生黑煙和致癌物質。連盛裝蠟燭的容器都利用回收玻璃，難怪得到大大小小的設計獎項。不只有蠟燭，也有推出天然香氛系列產品。
Where to buy ？ Siam Discovery 的 ODS 請參閱 P.224。
Cost：1 個約 590 銖

⑩ Mince 購物袋

Mince 將常見的泰國購物袋材質轉化成時髦現代的購物袋，還開發更多的具泰國元素的質料圖案，相當時髦也非常實用。
Where to buy？Siwilai store（Central Embassy）請參閱 P.174。
Cost：約 1500 銖
※ 網路聯絡購買，有全系列款式可以選擇。
IG：mince_bangkok
Line：mintmateera

⑪ Pryn Parfum 香水

泰國本土香水品牌，經典香味 Ayothaya 是男女皆可的中性香水，以泰國歷史上最為強盛的王朝首都 - 大城為靈感來源，融合檜木、烏龍、廣藿香精油及特製「火藥香氣」。當然是有果香調、花香調的香水。
Where to buy？Siam Discovery 請參閱 P.224。
Cost：1 瓶約 4000 銖

土產食品　　　　　12—— 15

⑫ Chew Green 水果乾

總共有六款水果乾：鳳梨、草莓、龍眼、芒果、香蕉、火龍果，強調與當地小農合作，挑選高品質的水果製成。精緻的包裝設計、有溫度的品牌故事，最重要的是又好吃，我最近特別喜歡買來送人的商品。
Where to buy？
Gourmet Market
詳細地點請查詢網站
www.chewgreen.com

⑬ KAD KOKOA 巧克力

精選泰國各地的可可製作的巧克力，短短的時間就獲得國際的巧克力大獎，KAD KOKOA 出產的巧克力更多了南洋的果香味，相當值得一試。
Where to buy？KAD KOKOA 總店或是 Another Story 選物店請參閱 P.130。
Cost：約 290 銖

⑭ Grand Mountain Sriracha 辣椒醬

Sriracha 辣椒醬對於很多老外來說是東南亞極具代表的辣醬，很常讓人誤以為來自越南，但其實是源自泰國。泰國有很多品牌皆有出產 Sriracha 辣椒醬，但對我們來說 Grand Mountain 的包裝最有復古味（抱歉我們就是視覺為重的膚淺鬼）。
Where to buy？Eathai（Central Embassy）請參閱 P.172。
Cost：約 70 銖

⑮ 手標泰式奶茶茶罐

這間深受台港觀光客喜歡的手標泰式奶茶其實一開始就只有賣罐裝茶葉而已，路邊的飲料攤販很多都也用此品牌茶葉，可以說是極具代表的國民品牌。鐵罐也有種復古味還可以當擺設，怎麼可以不買一罐？
Where to buy？各大超市都有賣。
Cost：約 70 銖

CHAPTER 3.

曼谷 11 區吃喝玩樂指南

C CAFÉS

R RESTAURANTS

B BARS

Bi BISTROS

S SHOPS · SPOTS

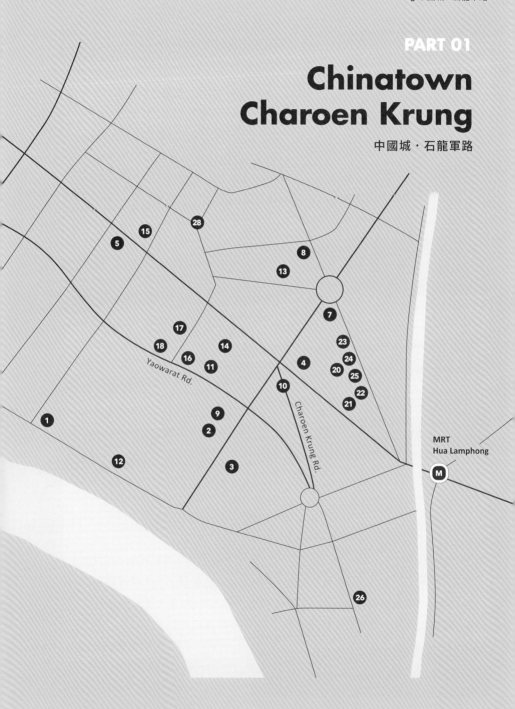

ABOUT CHINATOWN · CHAROEN KRUNG

若想去曼谷的中國城跟計程車司機大哥說「Chinatown,please.」絕對馬上會被識破你是觀光客而提高被敲竹槓的機率（話說其實不管怎樣外地人就是很好認啦！即使我們在這邊住那麼久還是常常一臉肥羊樣），如果改成說 Yaowarat 或許還有點 local 感（至少感覺你有做一點功課）。

Yaowarat 耀華力路是曼谷中國城（唐人街）的主要道路，一般泰國人說要去 Yaowarat 就是指中國城，但其實曼谷中國城涵蓋的範圍不只有耀華力路，從周圍的小巷一直延伸到 Charoen Krung 石龍軍路周圍都是曼谷最原始的華人聚落。早在泰國王朝拉瑪一世時期來自中國的移民就逐漸聚集於此，一直到拉瑪五世下令重整此區域，新建道路，而有了我們現在所看到的中國城雛形。

以往這邊是貿易集貨重要的商業中心，如今也可窺見過去的影子，金店、乾貨店、魚翅鮑魚店、飾品批發、玩具批發、水果攤販等，還可細分出每一個小區域，每一區則販賣不一樣的商品，一到晚上主要的街道閃著霓虹燈招牌（絕對是拍照的好去處），各式各樣的路邊小吃攤、海產攤林立，遊客不只能體驗到老式中泰風情，更能一飽口福，享用各種中泰傳統美食。

最近幾年，這個區域不只是感受傳統中泰文化的地標，許多具有設計藝術背景的泰國年輕族群紛紛來到這邊開設酒吧、民宿、咖啡店、藝文空間等，注入新的活力，讓曼谷中國城不再是一般人心中專門是給「阿公阿嬤」買菜喝茶聊天的地方。

一到週末我們就喜歡來這附近晃晃（有時還不知不覺晃到民宅和打赤膊阿北對看），每一次都讓我們走到不一樣的社區，發現藏在日常生活裡的中泰式經典元素。餓了就在路邊嚐傳統小吃，逛累了再到新潮的咖啡店，晚上在主街吃完道地美食再轉戰附近的酒吧，曼谷中國城的魅力無窮，絕對值得細細品味。

如果還是不知道我在說什麼，我想這邊就可以說是台北的大稻埕吧！話說，曼谷的都市現代化發展快速，也即將蔓延到此區，我想幾年後的 Yaowarat 或許不會像現在那麼迷人，奉勸正在看此書的你趁早拜訪啊！

CAFÉS	咖啡店	C

ⓒ FV

❶ #果汁 #藥草茶
#泰式傳統甜點

巨大的玻璃門，從外面看猶如一間販賣頂級收藏的藝術畫廊，實在想不到這是一間飲料店。身為藝術控的老闆在店內擺著私人收藏，更厲害的是還把泰國東北的老屋原封不動的搬到室內，店家不賣目前曼谷最狂熱的咖啡，很有個性的賣果汁和中式藥草茶及泰國傳統甜點，特別的室內設計不用多說最近在泰國 IG 界造成一股狂熱。

OPEN HOUR　*10:00-19:00*

HOW TO GO　建議使用 *Grab* 叫車前往，或是在 *MRT Hua Lamphong* 下車，再步行約 *20* 分鐘。

COST　*1* 杯飲料約 *100-150* 銖

ⓒ CHATA
❷ Specialty
Coffee

老牆　# 玻璃空間

Instagram chata_bkk

在 Baan 2459 旅館內的咖啡店 CHATA Specialty Coffee，由玻璃搭造的小房間、長型木桌配上充足的光線，好像在溫室裡品嚐咖啡。店內保有一面磚頭砌成的老牆，這面牆也成為很多泰國 IG 網美的最愛，環境優美採光又好，喜歡 Cafehopping 的遊客當然要把它列入清單內。若剛好沒機會入住 Baan 2459 又想目睹旅館老式建築那就更要來這一趟，咖啡店對外開放給非房客的訪客。

OPEN HOUR　08:00-17:00（Last Order 16:45）

HOW TO GO　在 MRT Hua Lamphong 下車，再步行約 11 分鐘。

COST　熱拿鐵約 100 銖

ⓒ ❸ Aoon Pottery

#學陶藝 #日式空間
#沙嗲飯

不要被 Aoon Pottery 的名字給嚇到了，以為這邊純粹就是一間陶器工作室而不敢進來，它其實也是咖啡店，且供應家常美食和甜點，所以即使對於製作陶器覺得遙不可及的朋友也還是可以來這用餐或是喝飲料。店家的裝潢非常日式，空間舒適簡單，店內的杯子、餐具都是老闆自己製作設計的。二樓是陶器工作室，若真心想學藝的朋友請私洽老闆。我個人最喜歡這邊特製的沙嗲飯，泰式沙嗲風味配上新鮮生菜和日本米（*比起泰國米，長住泰國的我還是偏向台式／日式米*）相當美味。

Instagram aoonpottery

OPEN HOUR	11:00-19:00（*Close on every Thu&Fri*）
HOW TO GO	在 *MRT Hua Lamphong* 下車，再步行約 *10* 分鐘。
COST	沙嗲飯約 *135* 銖

Facebook As.is.CoffeeStand

ⓒ As.is

❹ # 清邁咖啡豆

老闆曾在曼谷知名的咖啡烘焙業主 Brave Roasters 旗下工作多年，如今則選在中國城周圍自行開業。As.is 是一間保有老店屋外觀及招牌但內部走一個時尚工業設計風格的咖啡店，店家使用來自清邁的咖啡豆，不僅有高品質的咖啡還有提供非咖啡的飲品和簡單的餐點。一樓適合和朋友聊天品嚐咖啡使用，二樓則是 co-working space 適合邊喝咖啡邊用電腦工作。

OPEN HOUR 11:00-17:00
HOW TO GO 在 MRT Hua Lamphong 下車，再步行約 7 分鐘。
COST 熱拿鐵約 85 銖

ⓒ Jing Jing
❺ Ice Cream
Bar & Café

手工冰淇淋 # 早午餐

穿過賣著中式乾貨、酸菜的傳統市集，隱藏在小巷內、寫有中文「真真」的霓虹燈招牌的店，感覺又衝突又融洽（地點還真的有點難找）。Jing Jing 販賣老闆娘獨家製作的手工冰淇淋，口味多元且相當特殊，在其它冰淇淋店絕對吃不到，像是南瓜椰子冰淇淋、龍眼雪酪等，主打使用最新鮮的食材製作，讓人吃得安心。不單只賣手工冰淇淋，還提供簡單的早午餐式餐點及咖啡飲品。

OPEN HOUR 09:30-17:00（Sun&Mon）
09:30-19:30（Wed-Sat）
HOW TO GO 在 MRT Hua Lamphong 下車，再步行約 15 分鐘。
COST 一球約 50-80 泰銖。

Instagram jingjingicecreambarandcafe

© On Lok Yun

6 # 中泰式咖啡 # 美祿

© Happy Espresso

7 # 阿婆煮咖啡 # 教你開店

一般路邊的攤販所賣的咖啡都還是泰式咖啡（*咖啡粉沖泡，加了濃濃的煉乳，甜滋滋*），曾幾何時中國城這樣的老曼谷區可以輕易地喝到一杯西式拿鐵咖啡。Happy Espresso 不但是一間咖啡店也販賣自家烘焙的咖啡豆，更提供咖啡的相關課程，輔助指導想開咖啡店的年輕人開店。最吸睛的是咖啡師不是年輕的咖啡控，而是由老闆年邁的阿婆著手，六七十歲的阿婆還說著一口流利的中文，由阿婆拉花製作的咖啡真的讓人喝了就如同店名一樣，快樂開心了起來（*我實在太吃老人的梗了*）。

On Lok Yun 有一個厲害的中文名叫安樂園，這間中泰式咖啡老店可以説是經典中的經典，它偏向馬來西亞或是新加坡人口中的「Kopi Tiam」傳統咖啡店。裡面賣的是簡單的風味吐司、香腸、蛋和庶民飲料，像是泰式奶茶、泰式咖啡、美祿等。客人一多起來，店裡工作的阿姨或是叔叔可能有時沒什麼耐心，我們是喜歡選平日來光顧，服務也比較好一些，更重要的是人也沒有那麼多。

OPEN HOUR　*05:30-16:00*
HOW TO GO　建議使用 *Grab* 叫車前往。
COST　早餐 *1* 份約 *70* 銖

OPEN HOUR　*09:30-17:30*（*Close on every Sun*）
HOW TO GO　在 *MRT Hua Lamphong* 下車，再步行約 *8* 分鐘。
COST　*1* 杯約 *100* 銖

© Bae Huat Seng
❽ 中式糕點店

\# 復古包裝 \# 小點心

© Eiah Sae 益生
❾ \# 泰式咖啡 \# 阿伯嚴選

霓虹燈的招牌絕對不是新開的店家跟流行所設置的,這間中式糕餅店已經開兩代,接手的婆婆年紀也不小,和我用中文聊著店家的歷史和最招牌的糕點(我想我會喜歡 *Yaowarat* 的原因,也是因為我可以用中文和老人家們溝通)。這裡賣的是我們台灣人稍微熟悉的餅乾、點心,但老實說我們是被店家的復古包裝所吸引,到最後為了要搜集紙盒還是亂買了一堆點心。

這間有九十年歷史的咖啡店沒有漂亮的裝潢(甚至相當簡陋),但對於住在中國城附近的潮洲阿伯們可是看報紙打屁的好地方。這邊最出名的就是泰式咖啡,別想說要點西式的卡布奇諾或是拿鐵,益生的咖啡是祖傳的製作方式配上甜死人不償命卻又絕對不會出錯的煉乳。在這邊還可以看到別桌的阿伯居然在看繁體中文字的書報,讓人有種親切感,如果想要搭訕潮州阿伯千萬別害羞,快跟他們説中文(普通話)吧!

OPEN HOUR　*07:30-17:00(Close on every Sun)*

HOW TO GO　在 *MRT Hua Lamphong* 下車,再步行約 *10* 分鐘。(請輸入 *https://reurl.cc/7nNX1* 查詢位置)

COST　*1 個小點心約 20 銖*

OPEN HOUR　*08:00-20:00(Close on every Sun)*

HOW TO GO　在 *MRT Hua Lamphong* 下車,再步行約 *11* 分鐘。

COST　*1 杯飲料約 25 銖*

© ⑩ Lod Chong Singapore

\# 綠色粉條甜點

Lod Chong 是由香蘭葉做成綠色
的 QQ 粉條，搭配白色椰奶食用，
是泰國的傳統甜點，好吃到不行。
曼谷很多路邊攤販都時不時會出
現，但這有著六十年歷史的老
店，最讓我們魂牽夢縈（還加了
玉米粒增添口感）。馬來西亞、新
加坡、印尼其他東南亞國家也有
類似的甜點名叫 Cendol，每個國
家所加的內容物有一點點不一樣，
來泰國當然要試試泰式的 Lod
Chong。老闆娘説之所以叫 Lod
Chong Singapore 是因為店家的
隔壁曾經是一間叫 Singapore（新
加坡）的戲院，Yaowarat 可愛之
處就是在這，可以跟老一輩的老
闆娘大説中文聊歷史。

HOW TO GO　在 MRT Hua Lamphong 下車，再
　　　　　　步行約 10 分鐘。
COST　　　　1 杯約 25 銖

© ⑪ Yaowarat Toasted Bread

\# 爆漿麵包　\# 甜食控大愛

天一黑，中國城的主街佈滿各種
小吃攤販。這間炭烤麵包攤原本
有提供座位，但經過報導而爆紅
後每每經過就是滿滿的排隊人潮。
拿菜單畫單後等待老闆用大聲
公叫號，若不會泰文可能要硬著
頭皮特別跟店家説一下（老闆會
説中文）。個人是最喜歡牛奶口
味的，內陷的醬料爆漿指數百分
之百（也非常非常的甜）。

OPEN HOUR　18:30-00:00（Close on every Mon）
HOW TO GO　在 MRT Hua Lamphong 下車，再
　　　　　　步行約 11 分鐘。
COST　　　　1 個約 25 銖

ⓒ Pieces Café & Bed

Instagram piecescafeandbed

⑫ # 日租套房 # 乳頭麵包

老闆是一個全身散發文青氣的女孩── Meaw，辭去設計公司的工作開了 Pieces Café & Bed，一樓是小的咖啡廳，二、三樓則是日租套房 Airbnb。由 Meaw 一人製作飲料，座位非常少（有點擁擠），建議平日來店內，不然會遇到很多泰國 Cafe Hopper 大肆拍照而壞了想要安靜喝杯咖啡的時光。別忘了加點特製的奶子造型麵包夾椰子冰淇淋，造型有點 A 卻又有趣，是店內的熱賣商品。

OPEN HOUR *12:30-17:30*（*Close on Tue-Thu*）　　　　　　　　**COST** *約 100-300* 銖

HOW TO GO 在 *MRT Hua Lamphong* 下車，再步行約 *14* 分鐘。

ⓒ Mango-Sticky Rice Pah Lek-Pah Yai Shop

⑬ # 芒果糯米飯 # 當地人推薦

芒果糯米飯可以說是我們最喜歡的泰式甜點之一，雖然說這樣甜點在曼谷不太難找，不過當然每家店賣的芒果糯米飯還是有差別，尤其對泰國人來說，他們對於糯米飯的挑選更是講究。這間在汽車輪胎街的芒果糯米飯相當受到泰國當地人的喜好（至少我每次去都看到好多人排隊），只不過這邊只提供外帶，當然店家也有陽春的一張桌椅讓人可以直接在這邊吃了就走。

OPEN HOUR *08:30-17:00*　　　　　　　　**COST** *1* 份約 *70-100* 銖

HOW TO GO 在 *MRT Hua Lamphong* 下車，再步行約 *10* 分鐘。

RESTAURANTS

餐廳 | R

Ⓡ **Hoy Tod**

⓮ # 包青天蚵仔煎

潮州式

40 年歷史的老店，當初是由老闆娘的潮州移民爸爸所開設，現在則由老闆娘自己經營，店裡來的幾乎都是熟門熟路的當地泰國人，賣的是潮州式的蚵仔煎，和台式的勾芡口感有點不一樣，我會覺得比較像煎餅，煎得很酥脆。撥開蚵仔煎本身，其實更吸引我的是攤販牆上的包青天插畫（居然還畫了展昭和公孫策），實在讓我不得不大唱包青天的電視主題曲。

OPEN HOUR *10:00-19:00*
HOW TO GO 請輸入 *https://reurl.cc/LVg7K* 查詢，從這間茶店旁邊的小巷走進去。
COST *1 份約 100 銖*

ⓡ ⑮ Khao Gaeng Jake Puey

\# 泰式咖哩飯

\# 泰式米線

經過這間在路邊轉角的小攤販就可以看到大批食客聚集，有趣的是小販沒有提供桌子，頂多只有幾張塑膠椅，客人就坐在椅上端著碗盤甚至站著大啖這邊著名的各種泰式咖哩飯。開業數十年即使沒有舒適的用餐空間，但因為好吃又便宜還是吸引很多人上前購買，不要只顧著點飯，試試看泰式米線 Khanom Chin 淋上咖哩醬汁又更加道地。

OPEN HOUR *15:00-20:00*

HOW TO GO 建議使用 *Grab* 叫車前往。

COST *1 份約 60 銖*

Facebook NaiEkRollNoodles

® Nai Ek Roll
⑯ Noodles

米其林　粿汁　清燉湯

陳億粿汁店算是來到中國城必吃的小餐館，榮獲米其林的推薦，深受遊客喜愛。店面乾淨舒適，附中文菜單。來到這要試試最出名的粿汁湯，粿汁湯內有各式豬肉、豬內臟，扁扁的方形板條，煮熟後捲曲也難怪老外稱之為 Roll Noodles。店裡不只有賣粿汁，還有豬腳飯、排骨飯、小菜等，不是我在說曼谷很難找到我們所習慣喝的清湯，幾乎任何湯品都有加椰奶，或是口味很重，所以特別另外推薦這邊的各種燉湯。

OPEN HOUR　*07:30-01:00*
HOW TO GO　在 *MRT Hua Lamphong* 下車，再步行約 *11* 分鐘。
COST　*1* 碗約 *50-100* 銖

® Kanom Jeb Pae
⑰ Xia

阿伯的路邊燒賣

泰國的飲食有一部分受到中國移民的影響，有時走在曼谷街頭時不時會看到賣燒賣的小攤，但我真的覺得路邊隨便的攤販賣的燒賣，很容易踩到雷，這種東西當然還是來到中國城吃會比較道地囉！這個阿伯的豬肉燒賣生意超好，五顆燒賣 15 泰銖，小小的一口燒賣讓人一顆接著一顆，停不下來。

OPEN HOUR　*11:00-19:00*
HOW TO GO　在 *MRT Hua Lamphong* 下車，再步行約 *13* 分鐘。
COST　*5* 顆約 *15* 銖

Facebook KanomjebPaexia

17

ⓡ Kuai Chap Uan Photchana

18 # 潮汕粿汁 # 老曼谷

Kuai Chap Uan Photchana 是一間以賣潮汕粿汁出名的小販，也曾經被米其林指南提及，這間在老電影院外的小攤只有晚上才營業，專賣粿汁湯，沒有別的。比起陳億粿汁店，這邊似乎聚集更多當地人用餐，在老電影院外的塑膠桌椅上用餐，更有那種老曼谷的感覺了。

OPEN HOUR *18:00-03:00*　　　　　　　　　　　　　　**COST** *1* 份約 *100* 銖

HOW TO GO 在 *MRT Hua Lamphong* 下車，再步行約 *13* 分鐘。

ⓡ Tony's Restaurant

19 # 印度 # 尼泊爾料理 # 便宜好吃

離中國城不遠處，即可到達曼谷的小印度 Phahurat，Tony's Restaurant 就在此區附近，它絕對沒有舒適的用餐環境，老實說也稱不上是一間「Restaurant」，就是在市場附近戶外型的小店家，販賣道地的印度以及尼泊爾料理，便宜又好吃。在附近逛累了，我們最喜歡來到這邊點一杯甜滋滋的印度茶 Masala Chai 休息片刻，然後緬懷一下我們過去的印度之旅。

OPEN HOUR *11:00-22:00*　　　　　　　　　　　　　　**COST** *1* 道菜約 *100* 銖

HOW TO GO 建議使用 *Grab* 叫車前往。

BARS

酒吧 | B

Ⓑ ⑳ Teens of Thailand

調酒　# 琴通寧

店外水泥牆上貼滿貼紙，厚實大木門後面是曼谷最紅的 Gin & Tonics（琴通寧）酒吧，我們無法稱自己為調酒專家，但一個對於調酒略有研究的泰國朋友覺得這邊的調酒是全曼谷最好喝的（我也不知道他說的是真是假）。以中國城的著名原料為調酒靈感，獨家調配出在其它店都喝不到的酒類飲品，像是泰式茶味或是菊花茶的 G&T。有時候還會有很實驗性的口味調酒，像是香酥椒蒜豬肉味 G&T（是不是很特別？）。店內的牆上掛滿香港電影但配泰文標題的電影海報（好多周星馳的電影海報）港味混合著泰風，熱愛琴通寧和星爺的人怎麼可以錯過？

Instagram teens_of_thailand

OPEN HOUR　19:00-00:00（Fri&Sat-01:00）
HOW TO GO　在 MRT Hua Lamphong 下車，再步行約 5 分鐘。
COST　1 杯酒約 300-500 銖

Ⓑ Asia Today

㉑ # 創意雞尾酒

Teens of Thailand 的 老 闆和其他合夥人在中國城區的另一間特色酒吧。一進店內就可以看到大型的鯊魚造型玩具懸掛在吧檯上方，粉紅色霓虹燈幽默地寫著：「This bar is better than Teens of Thailand」，強調使用泰國當地的材料發想的創意調酒，很多原料甚至連當地人都感到陌生。酒單上標著我們熟悉的亞洲漫畫人物圖案（*像是比較少女口味的調酒就用美少女戰士標示*），我個人非常喜歡一款叫 Eastern Honey 的飲料，選用當地的蜂蜜，連酒杯都是店家自己用蜜蠟製成，非常好喝（*如果我詞窮就是真心很好喝的意思*），是我在曼谷最喜歡的酒吧前三名。喜歡嚐鮮和創意雞尾酒的酒客絕對要來喝一杯，推薦給非主流的屁孩們（*想當初我年輕時就是這種調調的*）。

Instagram asia_today_bar

OPEN HOUR 19:00-00:30 （*Close on every Mon*）
HOW TO GO 在 *MRT Hua Lamphong* 下車，再步行約 *5* 分鐘。
COST 1 杯調酒約 *350* 銖

Ⓑ **TEP Bar**

㉒ 泰式調酒
傳統音樂表演

老闆算是嗅出「曼谷中國城絕對有獨特發展」的先驅之一，首先在離 Hua Lamphong 車站和中國城之間不遠處的暗巷（Soi Nana）住宅區開設這間特殊的酒吧。全店的設計現代但融合泰式風味，不但調酒很有泰味，每晚還有提供泰國傳統音樂的現場表演，看著年輕樂手們穿上改良式的傳統服飾演奏泰國傳統樂器，再配上泰國才有的藥酒 Ya Dong（喝起來味道很重很烈），我們很喜歡帶到泰國旅遊的朋友來這邊喝一杯。這樣獨特的泰式酒吧使得 Tep Bar 受到很多國外媒體爭相報導，特別提醒如果是週末想來這邊感受一下，記得事先訂位，否則可能會沒位子白跑一趟。

Instagram tep_bar

OPEN HOUR　*18:00-01:00*
HOW TO GO　在 *MRT Hua Lamphong* 下車，再步行約 *5 分鐘。*
COST　*1 杯酒約 150-350 銖*
TEL　*+66-98-467-2944*

Ⓑ **Ba Hao 八號**

㉓ 　中式調酒　民宿

主打 Co-Living Space（共生複合式空間）：一樓是中式風情的酒吧，二樓以上是民宿空間，兩間設計感十足的房間供房客短租。昏暗的酒吧擺著霓虹燈式招牌帶著王家衛式的風格，就算不是房客也可以來一樓的酒吧小酌一杯，酒吧提供特調且每款飲品都很中式，像是名叫「鴉片 Opium」的 Negroni 內格羅尼調酒等。不但有酒可以喝，這邊還有販賣簡單的中式小點心和餐點，像是小油條、擔擔麵等，甜點更以枸杞布丁（八號布丁）深受眾人好評，不過我個人最喜歡他們家的湯圓，好吃到我想流淚（有點像台式麻糬）。店內氣氛愉快熱鬧，一到週末擠滿小小的店面，很適合相約三五好友齊聚（重點是老闆高帥哈哈哈）。

Instagram 8bahao

OPEN HOUR　*18:00-00:00*（*Fri＆Sat-01:00*）（*Close on every Mon*）

HOW TO GO　在 *MRT Hua Lamphong* 下車，再步行約 6 分鐘。

COST　約 *250-500* 銖

Ⓑ Pijiu Bar

Instagram pijiu_bar

㉔ # 精釀啤酒

沒錯！店名就是中文的啤酒吧，裡面賣的不是咖啡、也不是調酒，如其名就是賣啤酒（夠簡單明瞭了吧？）。由曼谷最大的啤酒進口商之一的 Beervana 團隊組建，提供各種各樣的精釀啤酒，包括泰國當地和國際啤酒供應商。內部裝潢簡單不囉唆，和附近以調酒打響知名度的酒吧別樹一格，適合想大飲各式啤酒的漢子。

OPEN HOUR 18:00-00:00（Close on every Mon） **COST** 1 杯酒約 250-300 銖

HOW TO GO 在 MRT Hua Lamphong 下車，再步行約 6 分鐘。

Ⓑ Oneday Wallflowers

Instagram onedaywallflowers

㉕ # 花店 # 頂樓酒吧

由曼谷咖啡店文化的始祖之一 Casa Lapin 所擁有的 Oneday Wallflowers 為一個花藝的空間，一樓的部分不但販賣特製花束也不定期舉辦花藝工作坊，二樓則是咖啡店。到晚上老式店屋建築頂樓的戶外花園成為餐廳酒吧，一桌一桌的年輕人和朋友相約吃個下酒點心，喝個小酒，隨著現場播放的音樂，氣氛熱絡非常愜意，唯一的小缺點就是頂樓的戶外酒吧沒有冷氣，所以有時可能會有點熱。

OPEN HOUR 10:00-19:00（flower shop-20:00） **COST** 1 杯調酒約 300-400 銖

HOW TO GO 在 MRT Hua Lamphong 下車，再步行約 5 分鐘。

Ⓑ Foojohn Building

Instagram foojohn_bangkok

㉖ # 法菜 # 美菜 # 各種酒 # 爵士樂

我們一直被這棟位於石龍軍路（Charoen Krung）上的 FooJohn 大樓的設計給深深吸引，老式的大樓空了好一陣子終於被租下翻修開業。由法籍的老闆經營，販賣豬肋排和法式冷盤、起司，重點是價錢不貴。晚上常不定期有爵士之夜，適合喜歡爵士樂的遊客。

OPEN HOUR 18:00-00:00（Close on every Mon） **COST** 1 杯調酒約 300-400 銖

HOW TO GO 在 MRT Hua Lamphong 下車，再步行約 8 分鐘。

SHOPS · SPOTS

商店 · 景點　　　**S**

⑤ **Sapanhun**
㉗ **Kitchenware**
趙成發有限公司

#生活雜貨　#鍋碗瓢盆

店家傳了四代，已經有 100 年的歷史，原本以賣鞋起家，如今專賣家用容器（怎麼有點跳 Tone）。鍋碗瓢盆任何想到的（泰式）家用廚具用品在這間趙成發有限公司都可以找到，西式的茶壺、保溫瓶一直到相當泰式傳統的容器、瓷器等，一應俱全，絕對是喜歡收購日常傢飾用品的旅客的天堂。我們每次來都可以在這邊挖到寶，買了一堆有的沒的回家。

OPEN HOUR　*08:00-18:00*（*Close on every Sun*）
HOW TO GO　建議使用 *Grab* 叫車前往。

Ⓢ The Nightingale
㉙ Olympic

\# 最老的百貨公司

\# 當博物館逛

六〇年代就開始營業的 The
Nightingale Olympic，是曼谷最
老的百貨公司。特殊的建築外觀
（可惜最近外部翻新中），櫥窗
內擺著人形模特兒的年紀都比自
己還老。一進到這間百貨公司，
可以看到幾個「阿姨級」的員工
在店內打瞌睡，很難想像它曾經
是有 100 多個員工的頂級百貨公
司。百貨公司就是什麼都可以找
到，不只有賣服飾，甚至有賣球
具、樂器等。來到這邊或許不會
真的買到什麼東西，但抱持著一
種逛博物館的心情一遊，想到它
曾經是所有泰國 Hi-So（上流人
士）採買行頭的地方，真的滿有
趣的。（*貼心小提醒，裡面是不能
拍照的喔！*）

Ⓢ Chinese
㉘ Ceramics Store

\# 中式瓷器 \# 便宜

店面不太大，裡面有很多華人供
佛的神杯、茶具、茶杯等，以中
式的瓷器居多，我們最喜歡來這
邊買小茶杯回家當擺飾（*裡面可
以擺個小仙人掌之類的*）。也因為
這間店不在中國城的主街，價格
又更加便宜，而不是亂開賣遊客
的價錢。

HOW TO GO　在 *MRT Hua Lamphong* 下車，
　　　　　　再步行約 *14* 分鐘。（請輸入
　　　　　　https://reurl.cc/5Vnp6 查詢位置）

OPEN HOUR　*09:00-17:30*（*Close on every Sun*）
HOW TO GO　建議使用 *Grab* 叫車前往。

PART 02

Ratanakosin

拉達那哥欣

**Phraeng Phuthon Square
美食地圖（P.112）**

ABOUT RATANAKOSIN

或許提到 Ratanakosin Island 拉達那哥欣島這個地名讓很多人覺得很陌生,可能會想說:「什麼?這是哪裡?!我來曼谷 40 次都沒去過啊!曼谷還有小島?!」拜託!先別著急,你一定大概知道在哪裡的,畢竟只要是來過曼谷的人幾乎都會造訪的指標性景點——曼谷大皇宮,就是在 Ratanakosin 區。

Ratanakosin 被運河分割,就像一個在 Chao Phraya River 昭披耶河河上的島嶼(但它其實有道路連結),是曼谷歷史最悠久的區域,也是整個城市發展的核心。喜歡泰國歷史文化的遊客絕對需要來此一遊(當然如果跟我們一樣喜歡曼谷老城的氛圍也絕對要來晃晃)。這裡不只是遊客愛來的區域,也是曼谷政府行政機關的所在地,對我來說更是大啖傳統泰式美食小吃的好去處。

雖然此區離河邊不遠,我們另外把它抓出來介紹一方面是它真的很多東西可以看可以發掘,另一方面也是因為它是我們繼 Chinatown 區後私心喜歡的曼谷區域。我們喜歡從市區坐著 Klong Boat 運河快船(請參閱 P.016)來到這邊,避開壅塞的交通,隨著快船的駛進,景色由繁亂的城市大樓慢慢轉變成逐水而居的民宅。

Ratanakosin 區開闊的主要道路、平房(這區有管制不能建高樓)、寺廟、道地的街頭小吃和友善的老百姓都是在主要商業區難找到的景象(當然如果靠近遊客造訪的主要景點難免會遇到騙子,這邊就要多多注意)。

有時候會覺得這邊誇張的熱(因為比較空曠),讓人寸步難行,但千萬不要被這樣的熱浪擊敗而錯過深度探訪老曼谷的機會啊!許多有創意的泰國年輕人也被這邊獨特的氣氛所吸引,使得這一、兩年,Ratanakosin 區不再是「老」曼谷,也多了許多有趣的新概念店家。這邊絕對不是只有大皇宮、臥佛寺或考山路,撇開這些讓人耳熟能詳的地點,這個區域值得花時間一遊再遊,發現不一樣的經典老店和最新的潮流店家。

CAFÉS | 咖啡店 | C

ⓒ Alex & Beth

❶ #歐洲文青 #特製甜點 #咖啡

店家走的是歐式氛圍，室內掛著圖畫、地圖，擺放著復古小擺設、歐式瓷杯等，讓人好像來到歐洲文青家做客的感覺。店家所使用的桌、椅沒有一致性，感覺完全不搭但卻又如此協調，是一間獨特的小咖啡館。菜單的選項不多但卻很精緻，像是一些特製的甜點、三明治和每日精選餐點。飲料的部分當然少不了咖啡，還有創意的特製飲品，像是冰柳橙巧克力和 Shizuoka 抹茶拿鐵。

Facebook alexandbethbangkok

OPEN HOUR *09:00-17:00*（*Close on every Tue&Wed*）
HOW TO GO 建議使用 *Grab* 叫車前往
COST 冰柳橙巧克力約 *130* 銖，三明治約 *160* 銖

ⓒ 123 Baandee
❷ Happy Owls

#老屋 #泰式飲料

老屋有百年的歷史，老闆將它改建成一部份放自己的古董一部分是飲料店，在這邊喝不到我們熟悉的「西式」咖啡，賣的是簡單的泰式飲品。店家沒有網美所愛的拍照風格，散發出親切的居家感（這也是我們深深著迷的）。在附近逛累了到這邊來坐坐，喝杯涼的再舒適也不過了！

OPEN HOUR　12:00-19:00（Close on every Sun）
HOW TO GO　建議使用 Grab 叫車前往。
COST　飲料約 80 銖

ⓒ Kopi Hya
❸ Tai Kee

#老店 #早午餐 #小鐵鍋煎蛋

這樣的泰式傳統咖啡店幾乎都是由泰裔華人經營，也因此都會有中文店名，Kopi Hya Tai Kee 邢泰記。這間從 1952 年就開始營業的老店至今在 Ratanakosin 區總共開了三間店。我們最喜歡在 Prachathipatai 路上轉角的創始店，雖然說每一間賣的餐點和飲料都一樣，但創始店上掛著大大小小老闆家族的老照片，也因為是老店的關係，很多叔叔伯伯常在此喝茶聊天，比起另外兩間分店，這邊似乎更保有過往的滋味。店家提供早午餐點，三明治、小鐵鍋煎蛋等。

OPEN HOUR　07:00-20:00
HOW TO GO　建議使用 Grab 叫車前往
COST　小鐵鍋煎蛋約 75 銖

ⓒ M.T. Rollin
❹ Club

#西餐 #甜點 #調酒

以歐洲古董、花束、羅馬式的雕塑為主要擺飾,配上葡萄牙的瓷磚地板,為曼谷的歷史街區帶來了舊世界的奢華氣息。菜單的單品以特殊的名字命名,如果沒有店員的幫忙是完全有看沒有懂的,像是 Tank Town Bump 其實就是一杯以咖啡為基調的調酒,不單單只有甜點,還有提供調酒和西式餐點。

Instagram mtrollinclub

OPEN HOUR	11:00-00:00 (Close on every Mon)
HOW TO GO	建議使用 Grab 叫車前往。
COST	1 杯調酒約 350 銖

ⓒ Eden's

❺ # 啤酒蛋糕 # 早午餐

Facebook lanluang

手工繪製的店家招牌，讓人好像在置身在紐約或是巴黎，實在想不到它是一間開在曼谷老城區的糕點店。老闆 Niram Wattanasit 曾是市區蛋糕甜點店 It's Happened to be a Closet 的主要甜點師，如今自己出來開了這間小店，裡面賣的是美味的西式糕點、簡單的早午餐餐點和飲品。最喜歡特製的啤酒蛋糕（別擔心，它沒有啤酒的苦味）和檸檬派（滿滿的檸檬香味），特別提醒假日人會很多（從開店以來一直是拍照勝地），建議平日早一點來以免當日現做的蛋糕賣完。

OPEN HOUR　09:00-17:00（Close on every Mon）
HOW TO GO　建議使用 *Grab* 叫車前往。
COST　　　　*1 塊蛋糕約 150 銖*

© Pollen Baked ⑥ Goods

麵包店 # 內用

Instagram pollenbakedgoods

這家鄉村風格的麵包店由餐廳 Seven Spoons 所經營，幕後主理的團隊在 Chakkrapatipong 路上重新改裝店屋，打造出這個溫暖的空間。黃色字體的招牌有種 Wes Anderson 感，店內擺放著五顏六色的點心，像是美到捨不得吃的甜甜圈、甜滋滋的肉桂捲、經典瑪德蓮和各式麵包。顧客可以選自己喜歡的麵包或是甜點，再點一杯咖啡或清涼的檸檬水，坐在店家規劃的內用區域享用，消磨時間。

OPEN HOUR *09:00-17:00*（*Close on every Mon*）
HOW TO GO 建議使用 *Grab* 叫車前往。
COST 甜甜圈約 *22* 銖，肉桂捲約 *65* 銖

ⓒ Num Heng Lee

❼ #老式中泰咖啡店 #咖央醬

Facebook elefincoffee

ⓒ Elefin Coffee

❽ #自家烘豆 #泰國菜 #民宿

Num Heng Lee 南興利是一間完全沒有在跟流行的老式中泰咖啡店，它已經有 60 年的歷史，這個老式南洋華人風格的咖啡店是由一對年長的姐妹花經營，每天早上六點就開門，店內的菜單和一般的老咖啡店差不多，簡單的泰式咖啡、飲品、吐司，最值得推薦是店內獨家配方的自製咖央醬 Kaya Custard，讓人一口接一口停不下來。沒有造作的裝潢、沒有過於修飾的餐點，讓人來到這邊能夠感受最真實的泰式風情。

這間在臥佛寺 Wat Pho 旁的咖啡店／餐廳，是少數在景點周圍「不那麼觀光客的」店家。Elefin Coffee 自行生產烘焙泰國的咖啡豆，在 The Siam Museum 和精品飯店 Hansar 都可以看到他們的身影。店裡不只賣咖啡也有其它飲料，更有多種泰式餐點選擇，價格合理。另外在 Wat Pho 的這間 Elefin Coffee 也是一間民宿，重要景點都在附近，住在這邊也更加方便。

OPEN HOUR　*06:00-15:00（Sat&Sun-14:00）*
HOW TO GO　建議使用 *Grab* 叫車前往。
COST　　　　*1* 杯泰式咖啡約 *20* 銖，咖椰吐司約 *20* 銖

OPEN HOUR　*08:00-20:00*
HOW TO GO　建議使用 *Grab* 叫車前往。
COST　　　　*1* 杯咖啡約 *120* 銖

ⓒ ⑨ Floral Cafe at Napasorn

花市裡的咖啡館

位於曼谷最主要的鮮花市場內，咖啡店的樓下也是一間花藝店，走上二樓的咖啡店區也沒有離題，映入眼簾的是更多花花草草，不管是用鮮花還是乾燥花佈置整個空間。供應咖啡、飲品和糕點，是在附近的傳統花市逛累時可以小憩一下的特色小店。

OPEN HOUR　*10:00-22:00（Close on every Sun）*

HOW TO GO　建議使用 *Grab* 叫車前往。

COST　　　*1* 杯咖啡約 *90-120* 銖

RESTAURANTS | 餐廳 | R

Ⓡ Ten Suns
❿ # 三代老店　# 牛肉麵

Ⓡ Nopparat, Cuisine & Gallery
⓫

家庭式餐廳　# 泰式家常菜

Ten Suns 十光原本是一間在曼谷中國城商圈的知名傳統老攤販，賣的是道地的中泰式（偏中國潮汕式）的牛肉麵，第三代的老闆重新改造店面，讓用餐環境更加乾淨舒適。這邊的牛肉麵和台灣的不太一樣，湯頭比較清一點，麵條也沒有像台灣的一樣有嚼勁，而且在這邊大部分的人會點米粉為主要麵食。老闆傳承了爺爺的獨家秘方，延續了過往的好滋味，只是店內沒有冷氣，吃一吃會大噴汗。

曾經關門好一陣子的家庭式餐廳，老闆特地重起爐灶，並且請他在曼谷藝術大學擔任教授的孩子在店內的牆壁上作畫，畫的是受到泰國人民愛戴的已故前泰王拉瑪九世，這面牆真的很美又令人震撼，吸引很多人來拍照留念，緬懷一下前任泰王的過往。再怎麼樣這邊還是一間餐廳，當然別錯過來這邊用餐的機會，提供泰式家常菜，好吃、乾淨、價格也十分合理。

OPEN HOUR	*09:00-15:00 17:00-21:00*（Sun *09:00-18:00*）(*Close on every Mon*)
HOW TO GO	建議使用 *Grab* 叫車前往。
COST	*1 碗約 80 銖*

OPEN HOUR	*10:30-21:30*（*Close on every Tue*）
HOW TO GO	建議使用 *Grab* 叫車前往。
COST	*1 餐 1 個人平均約 200-300 銖*

Instagram tensunsbeefsoup

Instagram nopparat.cuisine

ⓡ **Err**

⓬ # 復古餐廳　# 創意 mix 經典泰菜

以創意精緻的泰式餐廳 Bo.lan 打響名氣的夫妻檔 Duangporn Songvisava 和 Dylan Jones 在老城區開的這間 Err 完全走一個不同的路線，餐廳環境散發著復古有趣的泰國情調，和 Bo.lan 比較正式的感覺迥異，隨性自在。在這邊客人可以吃到泰國的經典菜餚，同時也可以感受到主廚的用心及隨時保持創新的料理及擺盤。

OPEN HOUR *11:00-16:00　17:00-21:00*（*Close on every Mon*）　　　**COST** *1 餐 1 人約 300-500 銖*
HOW TO GO 建議使用 *Grab* 叫車前往。

ⓡ **Tonkin Annam**

⓭ # 越南菜　# 米其林指南

由泰國美食家 Gai Lai Mitwichan 和他的姊姊一起合開的越南餐廳，開店的原因只是為了紀念來自越南的祖父母，將最道地和家常的越南餐點完整呈現給曼谷人。Tonkin Annam 的高人氣，讓住在市區的曼谷人特地開車來老城區，品嚐這不只賣越式牛肉河粉的越南餐廳，就連米其林指南也將它列入其中。因為老闆本身和泰國藝文界有良好的關係，所以整間店也帶點藝術人的漂泊感（有人懂我在說什麼嗎？算了不懂就自己去看看吧！）。

OPEN HOUR *1:00-21:30*（*Close on every Tue*）　　　**COST** *1 餐 1 人約 200-300 銖*
HOW TO GO 建議使用 *Grab* 叫車前往。

ⓡ **Yih Sahp Luhk**

⓮ # 時髦牛肉麵店

在 Phra Athit 路上（靠近考山路）的 40 年牛肉麵 Kuay Teow Neau Nai Soie 老店，現在 Ratanakosin 區又開了一間分店 Yih Sahp Luhk（容易淥），由老店創始人的兒子經營。和老店不同的是，這邊閃爍著霓虹燈，裝潢現代時髦，還有冷氣吹（到底是多怕熱），讓人在有種「比較年輕人」的氛圍下享用經典美食。這邊不只有牛肉麵，還有潮汕式的牛肉鍋、牛肉蒸飯，配上冰啤酒整個就只有爽可以形容。

OPEN HOUR *11:00-22:00*（*Close on every Mon*）　　　**COST** *1 碗約 60-100 銖*
HOW TO GO 建議使用 *Grab* 叫車前往。

Ⓡ **Pastale**

15 # 限量供應　# 咖啡　# 義大利麵
　　# 家常料理

Instagram pastale

店家沒有顯眼的招牌，讓我們在這附近閒晃好幾次都沒有發現到這間小店。店家走的是清新的日本居家路線，提供咖啡、飲品和日式義大利麵餐點，以及一些自製的家常料理、甜點。因為老闆相當注重食材的新鮮度，所以從上午十點開門後餐點是限量供應，而且一個禮拜才開四天，在泰國，這種自營的小店我會建議去之前先打個電話給店家確認有沒有營業，以免白跑一趟。

OPEN HOUR *10:00-16:00*（*Close on Sun-Tue*）　**TEL**　*+66-89-811-2576*
HOW TO GO 建議使用 *Grab* 叫車前往。

Ⓡ **Seven Spoons**

16 # 地中海料理

Instagram sevenspoonsbkk

你以為在曼谷老城就只能吃很傳統的泰式料理嗎？這你就錯了，Seven Spoons 是一間賣西式餐點（若要講詳細一點就是地中海式料理）的餐廳。由中泰式的老房店屋改建，餐廳照著溫暖的黃橘光線，非常溫馨輕鬆。很多人喜歡點他們家的培根包嫩豬肉（約 440 銖），不是我在説以這樣的餐點搬到市區每道菜絕對貴上一兩百泰銖。

OPEN HOUR *11:00-15:00 18:00-23:30*（*Mon-Sat*）*18:00-23:30*（*Sun*）　**COST**　*1* 餐 *1* 人約 *400-700* 銖
HOW TO GO 建議使用 *Grab* 叫車前往。

BARS

酒吧　　　　　　　　B

Ⓑ Kŭ bar

Facebook Ku.bangkok

⑰ # 暗巷裡 # 特製調酒

穿越一個小暗巷到一棟廢棄的樓房裡，第一次來到 Kŭ bar 還真的會讓人錯亂，我一度懷疑自己是不是走錯，不禁讓人想起大學時期所看的泰國鬼片場景，酒還沒喝到先挫了一跳。還好一進店裡完全就是時髦的現代日式文青氛圍（不知道我這樣説你懂不懂）。調酒師 Anupas 'Kong' Premanuwat 曾在紐約幾間知名的酒吧工作，回到曼谷後開設了這間秘密酒吧，提供特製的調酒，並且每個月更換酒單，在這邊可以看到曼谷低調時髦的型男型女。座位不是很多，所以強烈建議事先預約。

OPEN HOUR *19:00-00:00*（*Close on every Tue*）

HOW TO GO 建議使用 *Grab* 叫車前往。

COST *1* 杯調酒約 *300-400* 銖

TEL *+66-2-067-6731*

SHOPS · SPOTS

商店 · 景點 | **S**

ⓢ Yuphadee
⑱ Wanich

\# 竹編物店　\# 老店

這間有 60 幾年歷史的老店
專門賣竹編商品，有賣竹
編籃子、竹編傢俱、竹編
傢飾等，每次都讓我們想
尖叫的老店（太想每個都打
包回家）。由老闆的祖父傳
給他的店面，話說店家附近
Mahachai 路上有很多這樣
的工藝品老店，不妨花時間
在附近走走晃晃。

OPEN HOUR　*09:30-19:30*

HOW TO GO　建議使用 *Grab* 叫車前往。（請輸入
　　　　　　https://reurl.cc/qolVN 查詢位置）

⑤ Pak Klong
⑲ Talad

＃花市　＃在地生活體驗

或許你會問：「我只是來曼谷玩，我去花市幹嘛？是要買鮮花當伴手禮嗎？」Come on！不一定逛街就是要買東西，來這邊看看這些繽紛的花朵、體驗一般人的生活才是真旅遊啊！泰國的宗教文化及喜好完全可以反映在花市所販賣的花束上，在這邊可以看到大量祭拜供奉時所用的花朵和顏色誇張鮮豔的花藝裝飾。越晚來，攤販和店家越多，也越可以看到花販忙碌進貨的一幕。

OPEN HOUR　*24hrs*

HOW TO GO　建議使用 *Grab* 叫車前往，或搭船到 *Yodpiman* 碼頭，再步行約 *2* 分鐘。

Ⓢ **Bangkok City Library**

20 # 網美聖地

曼谷市立圖書館因為整個建築和整體的設計融合過去和現代，2017年一開幕反而很出奇的吸引到一堆泰國部落客或是 Instagrammer 到圖書館拍照取景朝聖。好啦！我們做人不要那麼膚淺，我們是有水準的書蟲，再怎麼說它也是個圖書館，裡面還是有很多書籍、雜誌等，至少翻翻時尚雜誌再走吧（完全在亂教人）！

OPEN HOUR　*08:00-21:00*（*Tue-Sat*）*09:00-20:00*（*Sun*）（*Close on every Mon*）

HOW TO GO　建議使用 *Grab* 叫車前往。

Ⓢ **Passport Bookshop**

Instagram passportbookshop

21 # 獨立書店　# 旅遊書　# 附設閱讀空間

曼谷獨立書店之一的 Passport Bookshop，以販賣旅遊相關書籍為主，還有許多泰國獨立作家的作品和東南亞文化及藝術的讀物，以泰文和英文書為主。店內有提供座位和簡單的飲品，讓喜歡看書的你有空間在這邊坐坐，邊喝飲料邊看書消磨一整個下午。

OPEN HOUR　*10:30-19:00*（*Sun-Thu*）（*Fri&Sat-20:00*）（*Close on every Mon*）

HOW TO GO　建議使用 *Grab* 叫車前往。

Ⓢ **Something about us.**

Instagram something_aboutus_

22 # 選物店　# 小傢飾　# 服裝

由一個韓國女生所開的選物店，主要販賣來自泰國和韓國的生活用品、小傢飾、服裝等。外國人在曼谷老城區開這樣極簡時髦的店實在太跳 tone 了（要知道很多外國人在曼谷開的店通常都弱弱的）。店名來自法國的電音團體 Daft Punk 裡的歌曲為靈感，老闆想要一個小小的店家，不以賺大錢為主要目標（真是浪漫的想法），挑選自己喜歡的東西，以分享的心態開設這家小店，和客人有面對面的交流。

OPEN HOUR　*12:00-19:00*（*Close on every Mon*）

HOW TO GO　建議使用 *Grab* 叫車前往。

ⓢ Wat
㉓ Ratchabophit Sathitmahasimaram

\# 拉查波比托寺

\# 寧靜 \# 泰式建築

Ratanakosin 這一區有一堆厲害的寺廟，比起一般遊客必去的「大皇宮」、「臥佛寺」，我們對 Wat Ratchabophit Sathitmahasimaram 反而更推薦，當然不是說不要去大皇宮，只是那些遊客熟知的寺廟景點往往擠滿了遊客，即使寺廟本身實在美不勝收，但卻失去了一種寺廟該有的「寧靜」感。Wat Ratchabophit Sathitmahasimaram 裡面也是看得到厲害的泰式寺廟建築及雕飾，最重要的是沒有觀光客，前來的都是信徒，讓人更加體驗泰國人的虔誠。

OPEN HOUR　*08:00-17:00*

HOW TO GO　建議使用 *Grab* 叫車前往。

Phraeng Phuthon Square

美食地圖

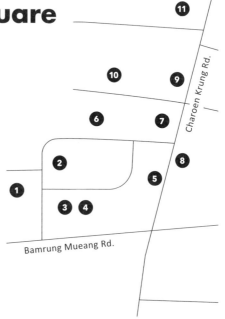

這個始於於泰王拉瑪五世所規劃的街區,有著強烈的魅力,四方形的設計,排列著大大小小的老式房屋店面,由泰國皇室擁有(皇室以便宜的價格租給當地居民),來到 Phraeng Phuthon Square 及其周圍可以找到許多已經失傳的道地泰國街頭美食,大推來這邊來個美食之旅。

❶ 豬腦粿條

Open　*07:00-14:00（Close on every Sun）*
Cost　*1 碗約 50-70 銖*

❷ Khanom Krok 椰醬米煎餅

Search　*https://reurl.cc/j6ogn*
Cost　*1 份約 30 銖*

❸ Udom Phochana 陳振豐臘腸飯

Open　07:00-15:30（Close on every Sun）
Cost　1 份約 50 銖

❹ Natthaphon Coconut Ice Cream
椰子冰淇淋

Open　09:00-17:00（Close on every Sun）
Cost　1 份約 25 銖

❺ 烤麵包 + 超長吸管飲料攤

Search　https://reurl.cc/r0AQ4
Open　19:00-00:00（Close on every Sun）
Cost　1 個約 15 銖

❻ 陳振豐廣式叉燒餛飩麵

Open　10:00-18:00（Close on every Sun）
Cost　1 份約 50 銖

❼ Chi Kat Cha 轉角復古飲料店

Open　09:00-18:00
　　　（Close on every Sat&Sun）
Cost　約 20-40 銖

❽ Kor Panich Sticky Rice 芒果糯米飯

Open　07:00-18:30
Cost　1 份約 100 銖

❾ 椰奶小湯圓

Search　https://reurl.cc/epA3x
Open　11:00-20:00（Close on every Sun）
Cost　1 份約 20-30 銖

❿ Khanom Bueang Phraeng Nara
泰式夾煎餅

Open　11:00-17:00（Close on every Sun）
Cost　1 份約 10 銖
FB　　KANOMBUENGSOMSR

⓫ Rat Na Yot Phak 泰國廣式炒麵

Open　09:00-21:00
Cost　1 份約 30-50 銖
FB　　radnayodpak40years

PART 03

Phrom Phong

鵬蓬

 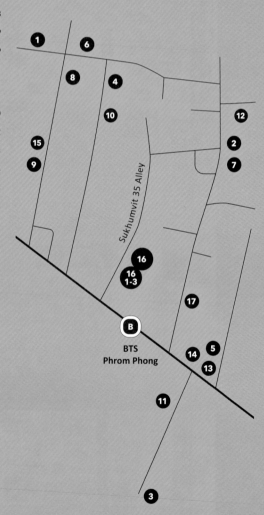

ABOUT PHROM PHONG

早些年因為日商公司外派員工至曼谷，都會幫日籍員工選擇定居於此（你也知道日本人在外有多團結），逐漸地 Phrom Phong 區擁有許多日本餐廳、商店等，連店家招牌或是廣告單都寫著斗大的日文，日本媽媽帶小孩到超市採買生活用品、日本爸爸下班到小酒館餐廳應酬，有時都讓人有種一秒來到日本的錯覺，也使得 Phrom Phong 有著曼谷的「小日本」之稱。

不但日本人喜歡這區，完善的生活機能，很多外籍家庭和外籍人士也喜歡選擇居住於此。這幾年更因為大型商場的設立帶來源源不絕的人潮，Phrom Phong 再也不是日本人的專區，新潮的餐廳、酒吧、咖啡廳紛紛選在這邊開業（甚至許多外商公司在這設立辦公室），Phrom Phong 區成為住商混合的區域，也是目前曼谷人喜歡和朋友或家人 hang out 的地方，尤其一到假日商場總是會看到推著嬰兒車帶著小孩的家庭。

如果要問我們在曼谷最喜歡的區域，那麼 Phrom Phong 鵬蓬區絕對會在前三名（因為我們自己就是住在這一區，所以當然要擁護一下自己的街區）。或許對於一般觀光客來說 Phrom Phong 並沒有什麼很「泰式風味」的景點，但是，在這個區域生活快六年，發現越來越多新奇有趣的店家冒出來，加上生活機能便利，又很國際化，不得不推一下。

雖然我們很愛曼谷老城的風味，但現實就是若要住在老城對於是外國人的我們還是略顯麻煩（傳統泰式小攤好吃，我們還是沒辦法天天吃啊！），Phrom Phong 有各種超市（專賣日本商品、外來進口商品等）、各種料理餐廳、酒吧等，讓我們這種居住在曼谷又不會說泰文的外國人來說，生活起來真的是相當快活舒適，有時走在這邊實在不感覺自己在曼谷，我知道可能對於遊客來說，會覺得那我幹嘛來這，但是在這裡，可以體驗泰國最新潮、現代的外派生活。

CAFÉS 咖啡店 | C

ⓒ ❶ Holey Artisan Bakery

\# 奶油可頌 \# 現烤麵包

Holey Artisan Bakery 麵包店主打使用未經漂白的麵粉及自家製作的麵團。來自英國的麵包師 Maurice Chaplais 強調 Holey 一天兩次現烤麵包出爐，讓客人品嚐到最新鮮的食品。雖然曼谷有和歐美同步的麵包店像是來自法國的 Paul 或是 Maison Eric Kayser 等，但我還是獨愛 Holey，尤其是 Holey 的特製奶油可頌，香酥可口，絕對是我覺得全曼谷（甚至是我目前吃過）最好吃的可頌麵包。每到週末，我們常來這邊吃早午餐。只是它的價格（和曼谷物價相比）有點不便宜，不過相當值得。

Instagram holeybreadbkk

OPEN HOUR | *06:30-19:00*

HOW TO GO | 在 *BTS Phrom Phong* 下車，再步行約 *13* 分鐘。

COST | *1* 個奶油可頌約 *100* 銖

Instagram pardenbkk

ⓒ Parden

❷ # 日式聖代 # 餐點 # 生活選物

由日本人所經營，一進店面就可以感受到濃濃的日式清新風。日本太太們佔據八成的座位，每次都讓人錯亂想說：「我到底是在日本還是曼谷？」。來到這邊的客人必點的甜點是類似於美式聖代的日式百匯（Parfait），高玻璃杯內裝有店家自製的冰淇淋，搭配當季的新鮮有機水果。另外，Parden 也是一間生活選物店，店家精選不少來自泰國各地的手工藝商品、天然保養品等。

OPEN HOUR *11:00-17:00（Wed-Fri）*
12:00-17:00（Sat&Sun）
（Close on every Mon&Tue）
HOW TO GO 在 *BTS Phrom Phong* 下車，再步行約 *10* 分鐘。
COST *1 份聖代約 250-350 銖*

Instagram hellostrangerscafe

ⓒ Hello Strangers
❸ Cafe

大木桌 # 適合工作

這是一個複合式的空間，前面是咖啡店，後面則是設計工作室。一大張厚實的木桌，搭配隨性放置的藝術作品，相當適合在這邊工作用電腦，也稍有適合 IG 打卡的環境（*但不到網美聚集的那種*）。別忘了點用骷顱頭造型玻璃杯裝的 Monkey Brain Latte（100 銖）。

OPEN HOUR *09:00-20:00（Sat&Sun 10:00-）*
HOW TO GO 在 *BTS Phrom Phong* 下車，再步行約 *20* 分鐘。
COST *1 杯咖啡約 100 銖*

RESTAURANTS　　　餐廳　　　R

Ⓡ Sri Trat

❹ # 泰國東部家常菜
特調飲品 # 蝶豆花調酒

泰式料理依照地域的不同可
以細分多樣。一開店就受
到泰國中上階級喜愛的 Sri
Trat Restaurant & Bar 以販
賣泰國東部家常料理為主，
餐廳由家族經營更顯得溫
暖、親切，店內的裝飾非常
用心，還有一面畫有老闆媽
媽肖像的美牆（當然這面牆
馬上就成為 IG 打卡拍照的
鎮店之寶）。值得一提的是
這邊不只東西好吃，吧檯也
沒有在馬乎的意思，特調飲
品好喝到不行，就算沒有要
來吃飯也可以來這邊的酒吧
喝一杯，特別推薦 Salacca
Fizz 的蝶豆花調酒，口味非
常特別。

Instagram sritrat

OPEN HOUR　*12:00-23:00（Close on every Tue）*
HOW TO GO　*在 BTS Phrom Phong 下車，再步行約 15
分鐘。*
COST　*1 餐 1 人約 600 銖*

® Thai Lao Yeh

5 # 泰國東北家常菜

Cabochon Hotel 為台灣設計師葉裕清的作品，這間精品飯店內的擺設及設計都可以看到設計師的私人收藏及品味。不只是飯店，還有附設書房式酒吧 Joy Luck Club 和泰國料理餐廳 Thai Lao Yeh，餐廳提供精緻的泰國東北家常料理和孰為人知的泰國經典美食，即使不是房客也可以來這邊用餐，用餐環境舒適隱密，是很多日本媽媽喜歡選擇的餐廳，不過價位也稍微高了一些（和普通的泰國東北小餐館相比），不過氣氛和食物都可以給滿分，假日晚餐時間還是很多人光顧。

OPEN HOUR　*11:30-14:00 18:00-23:00*
HOW TO GO　在 *BTS Phrom Phong* 下車，再步行約 *10*
　　　　　　分鐘。
COST　　　　*1 餐 1 人約 700 銖*

Peppina

6 # 義式料理

泰式風味比薩

開業也好幾年了，Peppina
還算是在曼谷最紅的義式料
理餐廳之一。從在 Phrom
Phong 區的總店做起，到
現在在曼谷已有多處分店。
最為饕客瘋狂的是獲得義
大利比薩製作的國際證書
認可的拿坡里比薩，價格
實惠又好吃到一個不行，
特別私心推薦主廚特製曼
谷風味比薩（Omaggio di
Bangkok），西式比薩餅和
泰式料理結合，一片比薩
可以吃到濃濃的泰味。另外
還有甜味比薩，比薩上塗滿
Nutella 巧克力榛果醬，且
撒上新鮮莓果，絕對是晚餐
的完美 Ending。

OPEN HOUR	*11:30-15:00 17:00-23:00*（*Mon-Fri*）
	11:30-23:00（*Sat&Sun*）
HOW TO GO	在 *BTS Phrom Phong* 下車，再步行約 *12* 分鐘。
COST	*1* 份比薩約 *400* 銖

® **Bankara Ramen**

`Facebook BankaraRamen`

⑦ # 日式拉麵

説到日本料理怎麼可以錯過平民美食日式拉麵呢？ Bankara Ramen 以 10 小時熬煮的豬骨湯為基底，開業至今（特別是週末）都還是滿滿的客人，尤其以日本客居多，看那麼多日本客人光顧就知道這邊的拉麵有到達日本人的標準，絕對不會錯的！若我們想吃拉麵，Bankara 一向是我們的首選。

OPEN HOUR *11:00-23:00*　　　　　　　　　　　**COST** *1 碗約 200 銖*
HOW TO GO 在 *BTS Phrom Phong* 下車，再步行約 *15* 分鐘。

® **Appia**

`Instagram appiabkk`

⑧ # 羅馬式家常料理

和 Peppina 同一個老闆經營，可以説是先有 Appia 才有 Peppina。相較於 Peppina，Appia 所提供的餐點又再稍微精緻一點（當然價格也貴一些），不過比起很多曼谷的高級義大利餐廳，這邊的氣氛又更加輕鬆。主打羅馬式的家常料理，捕捉到義大利家常食譜的精髓，溫馨又高級。

OPEN HOUR *18:00-23:00*（Mon-Sat）*11:30-14:30 18:00-23:00*（Sun）　**COST** *1 餐 1 人約 800 銖以上*
HOW TO GO 在 *BTS Phrom Phong* 下車，再步行約 *20* 分鐘。

® **Isao**

`Facebook isaobkk`

⑨ # 日本料理　# 創意壽司

有時候很多餐廳、店家就是一股熱潮，紅極一時後忽然就沒客人，但 Isao 完全不是這樣的店家，這間在 Phrom Phong 區的日本料理店打從我一搬來這區就幾乎天天客滿。這裡提供比較偏向創意的日本壽司，也因為這樣比較多的泰國和西方顧客，喜歡純正日本味的人倒是少了一點。每次來我一定都會點 Jackie（擁有毛毛蟲造型的炸蝦酪梨壽司卷）和 Lava Salmon（炙燒鮭魚握壽司），好吃到我想流淚，難怪開店到現在的熱度不減，還是常常客滿。

OPEN HOUR *11:00-14:15 17:30-21:30*　　　　　　　**COST** *1 餐 1 人約 600 銖*
HOW TO GO 在 *BTS Phrom Phong* 下車，再步行約 *15* 分鐘。

Ⓡ **Gedhawa**

⑩ # 泰國北部料理 # 咖哩麵

我說泰國菜真的絕對不只有一般台灣
人在台灣的泰式料理餐廳所接觸的那
麼狹隘（話說台灣大部分泰式料理餐
廳都還是有種濃濃的台味，好啦我偏題
了）。泰國各區各地都有特殊的菜餚，
Gedhawa 是一間提供泰國北部料裡的
小餐館。在 Phrom Phong 這樣高價的
購物住宅區內有這樣一間可愛樸實的
泰北餐廳實在不容易（價格又非常合
理），吸引了很多住在附近的日本人光
顧。最喜歡在這邊來一碗泰北咖哩麵
Khao Soi，建議最好是事先訂位囉！

OPEN HOUR *11:00-14:00 17:00-22:00（Close on every Sun)*
HOW TO GO 在 *BTS Phrom Phong* 下車，再步行約 *10* 分鐘。
COST *1 餐 1 人約 300 銖*
TEL *+66-2-662-0501*

Ⓡ 泰榮 รุ่งเรือง
⑪ **Rung Rueng noodle soup**

Facebook Rungruengnoodles26

泰式麵食

即使店家沒有冷氣，一到中午用餐時間還是一位難求。用肉骨熬製的湯底配上各
種不一樣的泰式麵條供顧客選擇，別怕看不懂泰文不知道怎麼點餐，這邊貼心的
有附上中文翻譯的菜單（應該是遊客太多太出名了）。份量沒有很大，要以它飽餐
一頓有點困難，但如此胃還有多餘的空間攻佔其它美食。

OPEN HOUR *08:30-17:00*
COST *1 碗約 50-70 銖*
HOW TO GO 在 *BTS Phrom Phong* 下車，再步行約 *10* 分鐘。

BARS	酒吧	B

Ⓑ Salon du
⑫ Japonisant

日本酒 # 雞尾酒
威士忌

Instagram salon_du_japonisant

作為曼谷小日本的 Phrom Phong 怎麼可能會喝不到日本的進口酒呢？作為日本烈酒的主要進口經銷商的 Bacchus 終於在曼谷直接開設了自家酒吧，使用自家進口的各式各樣日本酒所調製的雞尾酒飲品。在這邊可以品嘗到正統的日式威士忌，甚至還有日本米酒。如果不習慣那麼重口味的酒，當然還有各式特調、梅酒、水蜜桃酒等等。

OPEN HOUR *18:00-01:00（Close on every Sun）*
HOW TO GO 在 *BTS Phrom Phong* 下車，再步行約 *11* 分鐘。
COST *1* 杯調酒約 *300-400* 銖

Ⓑ Iron Balls
⑬ Gin Parlour

琴酒吧

若熟知曼谷酒吧生態的人，一定對澳洲籍的 Ashley Sutton 這個名字不陌生，在成功打造紅極一時擁有誇張室內裝潢的 Iron Fairies 和 Maggie Choo's 後，他又成為 Phrom Phong 這間 Iron Balls 琴酒吧的主要諮商設計師，讓熱愛琴酒 Gin 的人可以在優美又有設計感的環境下輕鬆地喝一杯。

OPEN HOUR　*20:00-02:00*

HOW TO GO　在 *BTS Phrom Phong* 下車，再步行約 *6* 分鐘。

COST　*1* 杯調酒約 *400-500* 銖

(B) Joy Luck Salon De Thé

(14) # 隱密酒吧 # 優惠時段

台灣設計師葉裕清融合老上海的中式元素和泰式的南洋風情，成功打造殖民風格的精品設計飯店 Cabochon Hotel。附設的酒吧非常安靜、隱密，適合有品味的朋友小酌話家常，在這邊偷偷告訴你，平日的下午四點到七點，酒吧販賣的酒品都有五折的優惠，這樣還能不來嗎？

OPEN HOUR *11:00-01:00*

HOW TO GO 在 *BTS Phrom Phong* 下車，再步行約 *7* 分鐘。

(B) Walden Cafe & Bar

(15) # 隱密小酒館 # 日本酒

從 Lantern 古董店旁邊的小鐵樓梯上去就是 Walden Cafe & Bar，由一對日籍夫妻經營，是我們最喜歡的隱密小酒館。位子不多，也沒有刻意的裝飾，舒適的就像到朋友家作客一樣。提供多種日本酒，例如清酒、燒酒、日本啤酒等，還有厲害的陳年威士忌，不過威士忌有點太 man，來到這邊我最常點的就是日本梅酒。親切的日式服務，更讓人難以忘懷。

OPEN HOUR *19:00-01:00*（*Close on every Sun*）　　　　**COST** *1* 杯梅酒約 *180* 銖

HOW TO GO 在 *BTS Phrom Phong* 下車，再步行約 *8* 分鐘。

| SHOPS · SPOTS | 商店 · 景點 | S |

⑤ Emquartier

⑯ # 購物商場

比起 Siam 區的商場，Emquartier 尺寸沒那麼巨大，也沒那麼多觀光客，附有巨大的空中花園和人造瀑布和圓弧形設計的餐廳區，Emquartier 絕對是居住在附近的居民最喜歡的商場，也為 Phrom Phong 吸引不少人潮。因為我們住在這附近，Emquartier 和對面的 Emporium 成為我們最常光顧的商場，遊客到底值不值得一遊，我當然還是會説：「有！」假如你的飯店就在 Phrom Phong 當然可以來這邊晃一晃，吃點東西或是到超市採買零食伴手禮。

OPEN HOUR　*10:00-22:00*

HOW TO GO　在 *BTS Phrom Phong* 下車，再步行約 *1* 分鐘。

COS

折扣季必逛

好啦！我知道把 COS 列入我們曼谷的旅遊書有點跳 Tone，畢竟它就是個 H&M 集團底下的國際服裝品牌，價格比 H&M 高一些，但又比設計師品牌便宜許多。我們很喜歡極簡又摩登有型的設計，COS 完全正中我們的心，每次折扣季一到總是在這邊敗了一堆錢，目前 COS 還沒有進駐台灣，所以來曼谷當然別忘記來這邊掃貨。

Another Story

Instagram anotherstorybangkok

生活選物店　# 泰國設計商品　# 當地品牌

Another Story 生活選物概念店聚集來自世界各地的設計師商品，從文具、傢飾擺設到時尚配件應有盡有。在這邊可以用最快的速度了解現在傢飾生活用品的流行趨勢，最重要的是 Another Story 特別精選很多泰國設計師的作品，是一個採買當地設計作品的好地方。我很喜歡店家的櫥窗、空間設計，創意性十足，雖然這邊的進口商品不便宜，但還是很值得一看（*當作是取經，欣賞泰國人的展場規劃*）。Another Story 位在 Emquartier 商場的四樓，在一樓的 Another Man Story 和 Another Story 隸屬同一個集團，也是一間集結特色品牌的選物店，只是和 Another Story 不同的是這邊專門為男士們所精選的品牌好物，想買泰國出產的男仕品牌嗎？來這邊就對了。不只買得到服裝，連男性保養品、香氛品牌、3C 電器等，甚至泰國出產的高級安全帽品牌都可以買得到。就算不是男人，喜歡中性商品的女人們也很值得去看看。

16 **-3**

Love Bar

逛街小憩 # 冷門

泰國服裝品牌 SODA 在 Emquartier 商場內的店家特別設立一個隱密的空間讓客人能夠在逛街購物後在這邊小憩。小小的空間只有熟客才會光顧，整體的裝飾和品牌服裝相呼應，滿滿的異國風情，讓人好像來到熱帶叢林般。店家提供健康取向的果汁、茶類、氣泡水、啤酒以及簡單的冷盤小吃等。每次到這邊都讓我們想到我們的非洲之旅，相較於附近很多紅翻人多的咖啡店這邊實在太冷門，也因為這樣不愛人群厭世的我們喜歡和朋友相約在這談天。

⑤ Kaekai Salon

⑰ # 美髮美甲 # 便宜專業

一樓是家庭式美髮店，二樓是美甲區，和周遭的高級沙龍比起來 Kaekai Salon 的外觀實在讓人卻步，但家庭式的氛圍、便宜的價格、專業的手藝，馬上就受到住在附近的日本媽媽喜愛（*所以説不能以貌取人！*）。即使沒有高級漂亮的裝潢，美甲區仍坐滿喜歡指甲彩繪的同胞，連我也是常客，只要拿著網路上看到的圖片，美甲師通通可以完成相似度百分百的成品，絕對是我的私房推薦。

OPEN HOUR *07:00-18:00*（*Close on every Sun*）　　　　COST　單色光療約 *350* 銖

HOW TO GO　在 *BTS Phrom Phong* 下車，再步行約 *2* 分鐘。

PART 04

Thong Lo

通羅

ABOUT  Thong Lo

我記得第一次來曼谷的時候，在旅遊書上就看到 Thong Lo 是曼谷最「潮爆」地區（這種詞好像是香港的旅遊書很愛用的詞），沒錯！ Thong Lo 是曼谷最新潮的（夜生活）區域絕對 不 為 過。Sukhumvit Soi 55 巷 是 Thong Lo 的主要道路，從主幹延伸出各式各樣的餐廳、酒吧、夜店、咖啡廳等，如果想知道曼谷最新的流行，來這邊走一圈準沒錯（尤其是餐廳和夜生活）。

走在這區可以馬上感受得到路人好像都特別的帥或是特別的美，好像 Thong Lo 就是他們的伸展台（每次來到這邊都有一種不如人的感覺，大家怎麼都那麼時髦啊？似乎連去 7-11 也要盛裝一下），常在這邊可以看到小模或明星，是泰國年輕人（尤其是中上階級）喜歡 hang out 的地方。

另外，這邊也是中高級住宅區，生活機能便利（房價也沒在開玩笑），可以輕鬆地打發一整天的行程（早午餐泡咖啡店，再去 Spa 按摩，特色餐廳，晚上享受曼谷夜生活），吸引許多外派的外國人選擇居住的區域。早上來到這邊可以看到家庭親子的氛圍，隨著時間變晚，Thong Lo 就成為大型的夜店、酒吧區，富家子弟開著進口跑車帶著火辣到不行的美眉穿梭在各大酒吧，可以說是越夜越熱鬧。

我剛搬來曼谷的時候（畢竟當初是個年輕人），每到週末晚上一定換上最時髦蝦趴的行頭往 Thong Lo 跑，這邊的酒吧、夜店太過密集，一個晚上可以輕易地從一間酒吧跳到另一間酒吧（就是一個 Bar Hopping 的概念），在這邊認識到不少酒友，可以看到曼谷最紙醉金迷的一面。

話說自從我為人母後，很少有夜生活，更別說是跑趴，偶而想和朋友「安靜」的喝一杯好的調酒也當然還是可以來 Thong Lo，但我不得不說 Thong Lo 真的太多 Hi-So 富二代，看到這些有錢的小屁孩們還真的會覺得 Thong Lo 可能越來越不是自己的調調了（默默覺得當年輕人還真累），但年輕只有一次（什麼爛結語）來這邊感受曼谷最 posh（和踐）的一面吧！

CAFÉS | 咖啡店 | C

© Peace
**❶ Oriental
Teahouse**

日式抹茶 # 台式茶飲
冷熱都有

Instagram maevaree_official

© Mae Varee
❷ # 芒果糯米飯 # 傳統泰式甜點

泰國喝茶的文化絕對沒有和台灣一樣興盛，Peace Oriental Teahouse 以日式抹茶打響知名度後，嚴選中國和台灣的茶葉原料，推出我們在台灣常見的沖泡茶組，在曼谷居然可以喝到沒有加糖的好茶真的會讓人感動到想落淚啊！如果覺得泰國實在太熱，店家也有提供冷泡茶和冰沙系列飲品。

Mae Varee 水果店賣著最具代表性之一的泰式甜點 - 芒果糯米飯。雖然説這道甜點在曼谷不是很難找，但是，因為這家店在 BTS 旁邊，而且芒果又大顆新鮮，因此受到不少遊客的喜愛。不只有芒果糯米飯，這邊也賣一些泰國的時令水果（像是山竹、紅毛丹）和傳統甜點。我們因為家住這附近也是頭號顧客，不過價格比一般在路邊市場賣的要貴一些（*而且還有一年比一年貴的趨勢*）。

OPEN HOUR　08:00-22:00（Tue-Fri）
　　　　　　（10:00-Sat-Mon）
HOW TO GO　在 BTS Thong Lo 下車，再步行約 13 分鐘。
COST　　　　1 杯飲料約 100-150 銖

OPEN HOUR　06:00-22:00
HOW TO GO　在 BTS Thong Lo 下車，再步行約 2 分鐘。
COST　　　　1 盒約 150 銖

ⓒ City Boy

③ # Coffee Stand # 簡單喝杯咖啡

ⓒ TE Time and
④ Space

自創茶飲 # 花草茶 # 伴手禮

Thong Lo 的物價比起曼谷其它地區都算是比較貴的，就連咖啡也至少貴上 2、30 銖（*20 銖在泰國可是很好用的*）。有時想喝咖啡就只是想單純喝一杯好喝又不貴的咖啡，不是為了「拍照打卡」而喝，好險 City Boy 咖啡攤可以滿足這樣的需求。小小的店面在路邊，沒有「網美」式的裝潢反而在 Thong Lo 區更顯得珍貴，這邊不但有咖啡等飲品，早上還有供應簡單的三明治餐點。如果剛好來 Thong Lo 我喜歡來這邊簡單的喝一杯咖啡，讓我知道原來在 Thong Lo 也可以不用那麼做作。

泰國的飲茶市場還是沒有咖啡市場來的風行，品茶習慣也和台灣有些不同（這邊比較偏向草藥、花茶式茶飲），而 TE 算是少數的獨立茶品品牌。隱藏在 Thong Lo 的深巷裡，由一對喜歡喝茶的情侶所開的品茶空間，在這邊可以喝到他們自創生產調配的茶品，像是 Spa in a Cup（結合檸檬草、薄荷、綠茶），喝完還真的就像做完 spa 一樣的放鬆。這邊也可以把這些特調茶買回去當伴手禮。

OPEN HOUR *07:00-19:00*

HOW TO GO 在 *BTS Thong Lo* 下車，再步行約 *9* 分鐘。

COST *1* 杯咖啡約 *70-90* 銖

OPEN HOUR *10:00-19:00*（*Close on every Mon & Tue*）

HOW TO GO 建議使用 *Grab* 叫車前往。

COST *1* 杯飲料約 *100-150* 銖

Instagram thetepot

ⓒ Patom
❺ Organic Living

玻璃屋 # 有機餐點
小農食材

Instagram patom_organic_living

被綠葉圍繞的玻璃屋內賣的是有機餐點和咖啡，店家主張永續經營的理念，與當地小農合作。在這邊不但吃得到現成餐點，也販賣各式有機產品，像是泰國米、自家生產製作的天然保養品、泰式傳統甜點等。最受到年輕人矚目的是溫室般的玻璃屋建築，陽光貫穿整個空間（絕對要記得擦防曬乳），充足的採光和清新的背景讓人怎麼拍都是 IG 網美。

OPEN HOUR 09:30-18:00（Close on every Mon）
HOW TO GO 建議使用 Grab 叫車前往。
COST 1 杯飲料約 100-150 銖

ⓒ Blue Dye Café

6 # 生活雜貨　# 小酒吧、服飾

兩層樓的民宅改建，一樓有賣生活用品，也有座位區讓客人可以享受店內飲品和餐點，二樓則是有賣一些服飾並且晚上搖身一變成小酒吧，是一個相當複合式的空間。店裡賣的 Chai Latte With Tofu Pudding 口感和味道都十分特殊，如果受夠一成不變的拿鐵或是卡布奇諾，想試試特殊的飲料趕緊點來試試。

OPEN HOUR　09:00-20:00（Tue-Sat）（Sun-Mon-18:00）　　　　**COST**　1 杯飲料約 100-150 銖

HOW TO GO　在 BTS Thong Lo 下車，再步行行約 5 分鐘。

ⓒ The Somchai

7 # 義式空間　# 冰巧克力

愛美絕對不是女人的專利（天啊我怎麼會說出那麼老的台詞），The Somchai 專為男性所打造的 Lifestyle 空間，還特別引進義大利訂做西裝（大手筆的定期把義大利的老師傅飛來曼谷幫顧客量身）、手工訂製太陽眼鏡品牌、皮鞋等。跟我們一樣窮酸買不起沒關係，這邊還有附設咖啡廳、酒吧，超級適合在這邊坐一個下午，假裝自己在佛羅倫斯。我超愛他們家的冰巧克力，超香醇！沒有那種一般喝到死甜的巧克力味。

OPEN HOUR　09:00-00:00　　　　**COST**　1 杯飲料約 100-150 銖

HOW TO GO　在 BTS Thong Lo 下車，再步行約 14 分鐘。

RESTAURANTS | 餐廳 | R

R ⑧ Funky Lam Kitchen

#寮國料理 #草本香味

Instagram funkylamkitchen

早上是 Luka Moto 早午餐店，同一個空間一到晚上則變成時髦的寮國料理餐廳。和泰北料理或是泰國東北 Issan 料理不一樣的是寮國菜又更吃得出新鮮的柑橘及各式各樣的草本香味，老實說我很不懂怎麼形容食物（畢竟我不是專業老饕，又沒好好讀書很詞窮），但真的真的很好吃，配上一杯冰涼的 Beerlao（寮國啤酒），馬上升天！

OPEN HOUR *18:00-23:30（Close on every Tue）*
HOW TO GO 在 *BTS Thong Lo* 下車，再步行約 *14* 分鐘。
COST *1* 餐 *1* 人約 *600* 銖

® Saew
❾ Noodle

泰式米粉湯　銅板美食

Thong Lo 的物價實在很難找到好吃的銅板美食，也因為如此 Saew Noodle 更顯珍貴。這間位於 BTS Thong Lo 附近的老店專賣泰式米粉湯（湯麵），有各種麵條可以挑選，也可以選加湯或是不加湯。我吃過很多泰式米粉湯，說真的還不是每一家都好吃，這間確實有到湯麵的水準（講得一副我好像是專家），難怪每次來這邊人都很多。我個人覺得這邊致勝的關鍵是桌上擺了很多調味，除了常見的辣椒粉、魚露、糖、酸辣水外還有檸檬汁、碎花生米等，還有付費的炸魚皮、炸豬皮，為小小一碗的米粉湯更添加獨特風味。

OPEN HOUR　*08:00-16:30*
HOW TO GO　在 *BTS Thong Lo* 下車，再步行約 *6* 分鐘。
COST　*1* 碗約 *40-60* 銖

Ⓡ ⑩ SaNgaa Beef Noodles

#祖傳泰式牛肉麵

店家夾在兩間 Hipster 酒吧 WTF（P.151）和 Studio Lam （P.150）之間，藍色及粉紅色的牆壁掛著泰式復古電影海報。其實老闆是個 DJ，他把祖傳泰式牛肉麵口味帶來 Thong Lo，讓來到這區的型男型女也可以一飽口福。吃泰式牛肉麵時，我個人最喜歡配米粉（Sen Mee เส้นหมี่）或是點牛肉湯配白飯也超好吃，牛肉沾特製辣醬，讓我想到口水就要流出來了。

OPEN HOUR 10:00-18:30（Close on every Sun）

HOW TO GO 在 BTS Thong Lo 下車，再步行約 4 分鐘。

COST 1 碗約 50-70 銖

Instagram broccolirevolution

Instagram Sundays.bkk

® ⑪ Broccoli Revolution

素食　# 藜麥漢堡

在曼谷吃素不是一件難事，但 Broccoli Revolution 在曼谷少數幾間全素食的餐廳（當然是撇開沙拉吧式的餐廳）中，這邊的素食絕對和台灣的素食餐廳不一樣（我本人很喜歡吃蔬食，但我真的超級討厭素肉），這邊的餐點有的走養身路線，有的走一個好吃的蔬食料理（也就是沒有在顧卡路里）。我很喜歡他們家的藜麥漢堡，漢堡餡料相當特別，好吃度不輸一般的漢堡。

OPEN HOUR	09:00-22:00（07:00-Sat&Sun）
HOW TO GO	在 BTS Thong Lo 下車，再步行約 5 分鐘。
COST	1 餐 1 人約 300-400 銖

® ⑫ Sundays

混搭空間
西式泰式日式都有

Thong Lo 區的店家一直都走一種新潮高級的歐美設計感，Sundays 完全不是這樣的路數（當然我不是說它很低級的意思喔），整間店混搭不同的傢俱、擺設，感覺很衝突卻又莫名的協調（像是電視機的水族箱、吊燈和隨意張貼的圖片等）。店家的菜單如餐廳室內呈現的氛圍相當多元多樣，有西式、泰式、日式等，是在此區很不一樣的選擇。

OPEN HOUR	11:00-22:00
HOW TO GO	在 BTS Thong Lo 下車，再步行約 15 分鐘。
COST	1 餐 1 人約 300-400 銖

BARS

酒吧 | B

B Rabbit Hole
13 # 調酒 # 松露馬丁尼

當曼谷酒吧場景還停留在飯店時，Rabbit Hole 悄悄的席捲曼谷調酒界，為夜生活帶來不一樣的選擇。創新的酒單和舒適時尚的環境，使得這邊有一大批擁護者，比起很多曼谷的酒吧，Rabbit Hole 的酒單相當齊全（我甚至覺得有點太多，讓有選擇障礙的我很頭痛）。來到這邊一定要試試他們家獨創的松露馬丁尼，濃厚的松露香味配上香醇的馬丁尼，十分順口，相當有特色。

OPEN HOUR *19:00-02:00*

HOW TO GO 在 *BTS Thong Lo* 下車，再步行約 *10* 分鐘。

COST *1* 杯調酒約 *400* 銖以上

Ⓑ Backstage
⓮ Cocktail Bar

#隱密小酒吧 #調酒
#氣氛輕鬆

`Instagram` backstagecocktailbar

飯店內的 Backstage Cocktail Bar，紅色布幕後面是調酒酒吧，整個設計真的就像到劇場後台一樣。由曼谷幾位著名且得獎的調酒師共同統籌的隱密小酒吧對我來說魅力十足。和 Thong Lo 很多「高級時尚」的酒吧氛圍不同，在這邊可以輕鬆地喝到好喝又有特色的調酒，酒單的呈現也十分有趣，特製的調酒全部都以著名電影為靈感來源，我最喜歡以《50 First Dates（我的失憶女友）》為背景故事的飲料 Forgetful Painter，由伏特加為基酒配上百香果、鳳梨汁、檸檬汁等，上頭點綴著繽紛的顏色如同電影女主角的畫作一樣，酸酸甜甜的，是一款少女會愛的調酒。

OPEN HOUR 19:00-02:00
HOW TO GO 在 BTS Thong Lo 下車，再步行約 13 分鐘。
COST 1 杯調酒約 300-400 銖

Instagram justadrinkmaybe

Ⓑ **Just A Drink**
⑮ **(Maybe)**

#琴酒酒吧 #老闆台灣人

店名很可愛的説:「Just A Drink (Maybe)」,但大家都心知肚明,一來到 Thong Lo 怎麼可能只喝一杯就回家?這間在 Thong Lo 唯一以琴酒為主要基酒的酒吧,老闆其實是道地的台灣人(跟我一樣很瘋,自己跑來曼谷生活,但他似乎更勝我一籌,很有種的在曼谷開酒吧)。特製調酒好喝到不行,有時還會不定期的舉辦台灣之夜供應台式小點、下酒菜,來曼谷不支持一下自己人對嗎?

OPEN HOUR 17:30-01:30
HOW TO GO 在 BTS Thong Lo 下車,再步行約 5 分鐘。
COST 1 杯調酒約 300-400 銖

Instagram studiolambangkok

Ⓑ **Studio Lam**
⑯ #音樂酒吧 #實驗性活動

想當初我剛來曼谷的時候最常混的文青酒吧之一就是 Cosmic Cafe(我想這就有點像台北的操場或是 Roxy99,天阿!我真的有夠老),一個世代過去後,這些文青慢慢長大,Cosmic Cafe 也關起來了,而慢慢出現新的酒吧,而 Studio Lam 就是其中一個。和同一個巷子的老式黑膠唱片行 Zudrangma Records 為同一個老闆,不時舉辦實驗性的音樂活動,隨性有型又喜歡音樂的朋友一定要來看看,來之前強烈建議到店家的臉書看看有沒有特別的活動,曼谷這類的酒吧很看有沒有活動,如果沒有辦特別的活動,場子可能會有點乾。

OPEN HOUR 18:00-00:00 (Close on every Mon)
HOW TO GO 在 BTS Thong Lo 下車,再步行約 4 分鐘。
COST 約 200-350 銖

^B WTF Gallery
¹⁷ and Café

輕鬆喝杯 # 藝術活動

Facebook WTFGAlleryandCafe

四位志同道合的朋友覺得曼谷好像缺乏又有吃、又有喝又可以欣賞藝術的店家，決定自己開業。輕鬆隨性氛圍為 Thong Lo 帶來不一樣的選擇，這邊不定時會舉辦藝術展覽，甚至封街 party，常常吸引許多藝術文青聚集。如果你厭倦了 Thong Lo 時髦華麗高檔的一面，想要不造作地和朋友喝一杯聊聊天，這邊會是不錯的選擇。

OPEN HOUR　*16:00-01:00（Close on every Mon）*

HOW TO GO　在 *BTS Thong Lo* 下車，再步行約 *4* 分鐘。

COST　*1* 杯調酒約 *130-220* 銖

Ⓑ Liberation

⑱ # 實驗性酒吧 # 水蟲調酒

Ⓑ Foodland

⑲ # 24 小時 # 宵夜 # 泰式西式簡餐

老實説曼谷的酒吧每一間都幾乎有所關聯，Liberation 幕後推手則是來自 Tropic City 和 Rabbit Hole 的團隊合力開設不久的實驗性酒吧，怎麼説它很實驗性呢？就是調酒師立志要顛覆你的品酒經驗，像是從泰國巨型水蟲（*你沒看錯！就是在路邊攤還可以看到有時在賣來食用的蟲類*）萃取而成原料，調製而成的調酒極具話題，幾乎每個我去過 Liberation 的朋友都大力讚賞，不敢直接吃水蟲也來試試水蟲萃取的調酒吧！

Foodland 是一間 24 小時營業的超市，在曼谷有設立多間分店，最令大家喜歡的是自家的餐廳，提供泰式和西式簡餐，價格十分合理又乾淨。Thong Lo 一直是曼谷人跑酒吧、享受夜生活的第一選擇，因為 Foodland 的餐廳和超市也是 24 小時營業，變成曼谷人在 Thong Lo 喝完酒吃宵夜的好地方，就如同在台北，跑完趴要去早餐店吃早餐的道理是一樣的。

OPEN HOUR	*19:00-02:00*
HOW TO GO	在 *BTS Thong Lo* 下車，再步行約 *14* 分鐘。
COST	*1* 杯調酒約 *390* 銖以上

OPEN HOUR	*24hrs*
HOW TO GO	在 *BTS Thong Lo* 下車，再步行約 *12* 分鐘。
COST	約 *100-200* 銖

SHOPS · SPOTS　　　　　　商店·景點　　**S**

⑤ The Commons

Instagram thecommonsbkk

❷⓿ # 複合式商場　# 老少咸宜

來到 Thong Lo「必踩」的點，這個混凝土外觀的建築是複合式的空間，有餐廳（Roast）、咖啡店（Roots）、親子餐廳、美食街（集結很多目前曼谷很紅的餐廳，像 Peppina、Soulfood、冰淇淋店 GussDamnGood 等），老闆想要打造一個適合所有人的社區，不定時會舉辦特殊的活動或是工作坊。對我個人來說，我還沒生子前就常常會跟朋友約在這邊吃飯、吃完飯則在室外的座位喝酒聊天，有了嬰兒後也是常常會來這邊報到參加嬰幼兒 playgroup，所以我說！這邊是不是很老少咸宜。

OPEN HOUR　*08:00-01:00*　　　HOW TO GO　建議使用 *Grab* 叫車前往。

20 -1

Roast

早午餐　# 吃飽也可以

說到曼谷早午餐餐廳絕對會提到 Roast，2011 年開幕就一直受到 Thong Lo 人的喜愛，老闆越做越大開設了複合式的空間 The Commons 把旗下的 Roots 咖啡和 Roast 早午餐餐廳都搬到這邊。每到週末 Roast 總是坐無虛席（*在 Emquarlier 商場也有開設分店*），這邊不只有早午餐，也提供飽足感十足的餐點像是義大利麵、漢堡等。

OPEN HOUR　*10:00-23:00（09:00-Fri&Sat）*
　　　　　　（09:00-22:00Sun）

COST　　　*1 人 1 餐約 400-500 銖*

20 -2

Roots

曼谷咖啡界先驅

你能想像六年前我剛搬來曼谷時，獨立咖啡店可真的是少之又少嗎？除了星巴克之外，就是一般路邊賣的泰式咖啡了，而 Roots 算是曼谷咖啡界的少數幾個先驅。現在老闆越做越大不只有 Roots 咖啡，還有 Roast 早午餐餐廳，甚至還有複合式的商場空間 The Commons，默默的看 Roots 成功地將咖啡文化帶到曼谷，實在忍不住幫他們拍拍手啊！

OPEN HOUR　*08:00-19:30（Fri-Sun-20:30）*　　　　COST　*1 杯咖啡約 100-150 銖*

ⓢ **CalmCottage**

㉑ #按摩 SPA #時髦空間
#放鬆

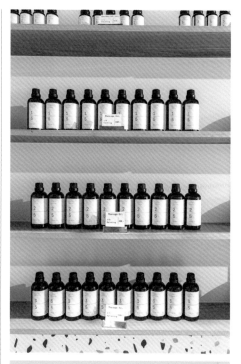

在 Ari 區 的 清 新 文 青 風 Calm Spa 一開幕就馬上讓我狂愛，但因為它的價格比較偏向中高價，對於一些學生族群或是年輕人比較難親近。同樣的團隊在 Phrom Phong 和 Thong Lo 區之間的 Sukhumvit Soi 49 深巷裡開了全新概念的 spa 館 CalmCottage。從店外看就像是時髦的咖啡店，殊不知它其實是一間 spa 館。店內裝飾相當年輕充滿活力，價格也更親民，但唯一不變的是按摩師傅的手法，特別推薦 90 分鐘的店家獨家設計的招牌按摩療程 Cottage Singature Massage（1500 銖）。

OPEN HOUR　*10:00-21:00*
HOW TO GO　建議使用 *Grab* 叫車前往。
COST　　　*90 分鐘約 1500 銖*
TEL　　　　*+66-96-941-8645*（需要預約）

⑤ The Golden
㉒ Triangle

＃刺青店 ＃價格合理

Instagram the_golden_triangle_

由在曼谷知名的刺青店
Common Ground Tattoo
和獨立小眾服飾品牌 Loco
Mosquito（去 IG 上搜尋他
們看看，很多 T-shirt 都滿
好看的！）合作開設的刺青
店，我本人也因為朋友介紹
下馬上追蹤他們的 IG，看
到好多圖案都是我的菜啊！
想要快找時間去那邊刺一下
（想說等這本旅遊書大賣來
去刺個青紀念一下），雖然
在 Thong Lo 但價格相當合
理，推薦給和我們一樣喜歡
刺青的朋友。

OPEN HOUR　12:00-15:00（Close on every Mon）
HOW TO GO　在 BTS Thong Lo 下車，再步行約 11 分鐘。
COST　小圖案約 2000 銖

⑤ 72 Courtyard

㉓ # 複合式空間　# 型男型女
時髦夜店

和 The Commons 一樣是複合式的空間，若說 The Commons 是老少咸宜，那麼 72 Courtyard 就比較適合年輕的型男型女們，這邊有餐廳（西班牙料理 Toro、日式創意料理 Lucky Fish 等）、酒吧（Beer Belly、SAVOY 等）還有夜店 BEAM。想當初 BEAM 剛開幕的時候，我們可是常常往那邊跑，說到 BEAM 我覺得它是目前在曼谷最時髦的夜店了，常常請來國際知名的 DJ 表演，是很有國際水準的夜店，但話說曼谷的夜店有時還是要看有沒有特別的活動或是特殊的演出場子才會比較熱鬧。

OPEN HOUR　*17:00-02:00*
HOW TO GO　建議使用 *Grab* 叫車前往。

⑤ The Hive Spa

㉔ # 各種按摩　# 手足美容
孕婦按摩

整棟樓主要是 Co-Working Space（共同工作空間），The Hive Spa 只佔一小部分，店家的空間不大，但是麻雀雖小五臟俱全（我怎麼會用那麼老的詞啊？）。這樣小型的 spa 館深得我心，有提供各種按摩、手腳指甲美容服務，還有販賣越南知名的香氛品牌 Cochine Saigon 商品，更值得一提的是 The Hive Spa 有孕婦按摩（曼谷的 Spa 按摩店很多，但真的沒有每一間都有孕婦按摩）想當初我懷孕時，就是 The Hive Spa 把我按到完全忘記有個小人在我肚子裡。

OPEN HOUR　*10:00-20:00*
HOW TO GO　在 *BTS Thong Lo* 下車，再步行約 *14* 分鐘。
COST　*60* 分鐘約 *500* 銖

Ⓢ **Paya Furniture**

㉕ # 傢俱 # 泰式傳統織品

開業至今已將近 20 年的傢俱店，融合傳統泰式風格和現代的設計，在這邊總是可以找到我們覺得很美的傢俱，不只有傢俱還有賣泰式傳統傢飾織品（工超級細的）和一些小型的裝飾品，在這邊很容易什麼都想買，只是這邊的價格也是很「Thong Lo」（就是有點貴貴的意思），感覺有些東西在 Chatuchak 週末市集可以找到類似款（工比較粗糙但便宜一些的）。

OPEN HOUR *09:00-18:00*（*Close on every Sun*）　　　**HOW TO GO** 建議使用 *Grab* 叫車前往。

Ⓢ **Tost and Found**

㉖ # 生活選物店 # 獨立品牌

位在複合式空間 Seenspace 裡（*Seenspace 可以說是五年前的 The Commons，不過現在有點小小沒落*）。在咖啡店 Brave Roaster: Space Oddity 的旁邊，是個生活選物店，裡面有國外的品牌還有很多泰國獨立的品牌，從傢飾、服裝、保養到食品等通通都有，其中有賣我喜歡的泰國童裝品牌 Little Mojo 和傢飾生活品牌 Lig 等，相當值得一逛。

OPEN HOUR *11:00-20:00*（*09:00-Sat&Sun*）　　　**HOW TO GO** 建議使用 *Grab* 叫車前往。

Ⓢ **No.38 Infinite ㉗ Natural Spa**

小型 spa # 按摩 # 放鬆

我一直都沒有很愛去連鎖的 Spa 館（*當然啦！這不包括頂級的 spa 連鎖品牌*），總覺得獨立經營的小型 spa 按摩店比較有溫度和私密，小巧精緻的氛圍更讓我可以完全放鬆，沒有連鎖店的光環，服務反而更加實在。去按摩完還可以去隔壁的在網紅界很紅的咖啡廳 Hands and Heart 喝個咖啡。

OPEN HOUR *11:00-23:00*　　　**COST** *90 分鐘約 800 銖*

HOW TO GO 在 *BTS Thong Lo* 下車，再步行約 *4* 分鐘。

Ⓢ **Rikyu Boy**

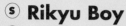

Instagram boyrikyu

28 # 美髮沙龍 # 展覽空間

Rikyu Boy 是由日本東京的髮型造型工作室在曼谷所開設的海外分店，純白的髮型屋搭配玻璃建構，宛如一間採光充足的溫室。不只環境非常日本，多位設計師也都是日本人（*我的指定設計師是 Yoji*），打造與日本同步的流行髮型。這裡還販賣自家生產製作的頭髮保養、造型系列產品（*此產品受到很多曼谷選物店的大力推薦*）。不定期在旁邊空間舉辦工作坊及展覽，如果沒有想要剪髮也還是可以來這邊晃晃，感受泰式及日式現代設計的愜意感。

OPEN HOUR *10:00-18:00*（*Close on every Wed*）　　　　　　　**COST** 剪髮約 *1000-1500* 銖

HOW TO GO 在 *BTS Thong Lo* 下車，再步行約 *6* 分鐘。

PART 05

Chit Lom・Phloen Chit

奇隆・奔集

BTS
Chit Lom

BTS
Phloen Chit

ABOUT CHIT LOM · PHLOEN CHIT

Siam 區的大型購物中心一直延伸到 Chit Lom 及 Phloen Chit。Chit Lom 也是著名的購物商圈（最為一般遊客喜歡的 Central World 商場和 Big C 量販店都在這裡），離成衣批發區水門市場 Platinum 也很近，更有台灣人最愛的換錢所 Super Rich（*其實真的不用特地跑來這邊換錢啦！我不知道為何那麼多人那麼執著*）。

比起 Siam，這邊又有更多的飯店品牌聚集，加上有港台華人觀光客喜愛參拜的四面佛，Chit Lom 一直是觀光客不會錯過的區域（尤其是對於那些喜歡逛商場、百貨公司的人來說）。再往下走（東邊）的 Phloen Chit 則是曼谷的重要商業區之一，很多外國大使館也都設立在這邊，更有頂級住宅大樓、精品飯店、五星飯店、銀行總部等。不要小看曼谷，曼谷要頂級也可以頂級到讓人嚇死（這邊的有錢 Hi so 更捨得花錢揮霍），在 Phloen Chit 區最可以一窺曼谷金字塔頂端大戶人家的生活（*每次來到這邊都覺得自己很窮酸*）。

這區道路寬廣平坦（*你知道一般曼谷的行人道有多難走嗎？*），走在路上的上班族穿著正式，或是時不時還看到駐泰大使工作人員、貴婦，和一般人心目中泰國的慵懶度假熱帶風格形成強烈對比，來到這邊頓時有種到新加坡的錯覺。

即使住在曼谷多年的我們若有時想逛逛街，還是會跑到 Chit Lom 或是 Phloen Chit 區的商場購物（*有時只是想吹吹免費冷氣，看我們有多窮酸*）。Chit Lom 一向人潮遊客多，幾乎各個品牌在這區都有設櫃，款式也較齊全（但也因為人多所以賣的也特別快），可以一次買齊國際成衣品牌商品。

Phloen Chit 區自從有了 Central Embassy 商場後也讓我們更會來到此區晃晃或是吃東西，我個人很喜歡 Phloen Chit 的氛圍，雖然這邊很難找到我們所熟知的路邊攤、小吃（有特別受到政府管治），但這邊也特別乾淨、寬敞，若有時對曼谷的「不修邊幅」、「煩亂」而覺得很心煩，想要有大城市的「秩序感」就很適合來這邊走一遭。國際或是泰國當地的頂級品牌幾乎都設立於此，若想裝貴婦時也很常跑來這邊。

CAFÉS | 咖啡店 | C

ⓒ Storyteller
❶ Cafe

\# 平價咖啡　\# 椰子拿鐵

來到 Phloen Chit 這樣高級的商業區，就會發現這邊街頭小吃或是價格比較「平易近人」的店家比較少。想要喝一杯咖啡也是和台北的價格差不多（我就說曼谷真的是可以很貴的）。Storyteller Cafe 只有簡單的板凳，主要以外帶杯的飲料為主，供應咖啡飲品，以這區的物價，一杯咖啡 100 泰銖有找，相當划算實在。還有提供特殊口味的咖啡，像是椰子拿鐵咖啡、鳳梨美式咖啡等。早上七點半到九點和中午十二點到下午一點半還有優惠。

Instagram storyteller_bangkok

OPEN HOUR *10:00-18:00*（*Close on every Sat&Sun*）
HOW TO GO 在 *BTS Phloen Chit* 下車，再步行約 *4* 分鐘。
COST *1* 杯咖啡約 *100* 銖

RESTAURANTS | 餐廳 | **R**

Ⓡ KIN HEY by
❷ Greyhound
Café

\# 泰式居酒屋

\# 經典泰菜 \# 喝到半夜

只要是長期有在關注曼谷的朋友對於 Greyhound Cafe 一定不陌生，Greyhound 以服裝品牌起家，跨足餐飲業，深受泰國人和港台旅客喜愛（連在香港都有設海外分店）。Kin Hey 則是 Greyhound Cafe 的全新力作，我是一個很膚淺的人，之所以會被 Kin Hey 吸引是因為他們的形象廣告實在做太好，光是菜單的設計和照片的拍攝就很得我心。店家走一個泰式居酒屋的風格，餐點都是經典的泰式料理，然後把它做得很適合當作下酒菜，餐點的份量不多（價格也相當合理），最適合和三五好友來這邊點一桌，配啤酒坐到半夜關門。

Instagram kinheybkk

OPEN HOUR 11:00-23:00
11:00-00:00（Thu-Sat）

HOW TO GO 在 BTS Siam 下車，再步行約 4 分鐘。

COST 1 餐 1 人約 200-300 銖

ⓡ Quince

③ ＃好萊塢風 ＃有錢人隨性用餐

原本開在介於 Phrom Phong 和
Thong Lo 區 的 Quince 一 直 是
曼谷中上階級喜歡用餐的餐廳，
現在搬來 Phloen Chit 區的 Siri
House 空間內，整個設計氛圍帶
有好萊塢式的風情。老實說我覺
得曼谷的西餐真的都做得相當有
水準，這邊的餐點真的很好吃。
Siri House 也很值得來這邊繞繞晃
晃，雖然空間不是很大，是曼谷
有錢人喜歡隨性用餐的餐廳（有
傢俱店、時裝店等）。

OPEN HOUR　18:00-00:00
HOW TO GO　在 BTS Chit Lom 下車，再步行約
　　　　　　9 分鐘。
COST　　　　1 餐 1 人約 500-1000 銖

ⓡ La Monita

④ ＃墨西哥菜

我們一直都是很喜歡吃異國料理
的食客，墨西哥的捲餅和 Taco 一
向是我們的最愛。La Monita 墨西
哥餐廳自 2009 年首次開業以來一
直是曼谷最受歡迎的墨西哥餐廳。
在曼谷市中心的 Phloen Chit 商業
區，美味的食物、合理的價格和
家庭式歡樂氛圍是大家喜歡的原
因。

OPEN HOUR　11:00-22:00（10:00-Sat&Sun）
HOW TO GO　在 BTS Phloen Chit 下車，再步
　　　　　　行約 4 分鐘。
COST　　　　1 餐 1 人約 350-500 銖

BARS | 酒吧 | B

ⓑ Penthouse
❺ Bar + Grill

\# 西餐廳

\# 威士忌酒吧 \# 夜景

Penthouse Bar + Grill 在五星級飯店 Park Hyatt Bangkok 內的 34 到 36 樓，鍍鉻配件、復古裝飾和誇張設計，都讓人想到電影 The Great Gatsby 的海報設計及電影場景。The Grill 可以滿足喜歡牛排、海鮮的饕客，別只顧著點主食，記得挑選配菜（*畢竟配菜比較可以吃個粗飽*），我個人最愛他們的烤蘑菇和起司通心麵（*看我愛吃的東西有多窮酸*）。吃完晚餐後，往上一個樓層走，餐廳馬上搖身一變成酒吧，在這俯瞰曼谷城市景觀，或者到隱密的威士忌酒吧，品嚐美酒。氣氛舒適又高檔，飲料好喝、餐點不錯吃，重點價格實在。在這俯瞰曼谷市區美景，去年年底增設頂樓戶外的區域，又可享受更棒的景色。

OPEN HOUR	*12:00-14:30 18:00-22:30*（*Grill*）
	17:30-00:00（*Bar*）
HOW TO GO	在 *BTS Phloen Chit* 下車，再步行約 5 分鐘。
COST	*1* 杯酒約 *300-400* 銖

SHOPS · SPOTS　　　　商店 · 景點　　S

Ⓢ Erawan Shrine
❻ # 四面佛

還是不得不把四面佛列入我們的旅遊書裡。沒錯！我在這邊住了都六年了，不管有沒有願想要成真還是時不時來這邊參拜一下。四面佛的緣由故事我就不多說了，參拜的方式也有許多人分享過，但我在這邊分享我自己的參拜方法，首先記得以順時鐘參拜，雖然說每一面都有祈求代表的特殊意義（*第一面佛像祈求事業、第二面祈求感情、第三面祈求財富、第四面祈求健康*）我還是把同樣的願望讓每一面神都知道，不會特別因為不同面所代表的意義不同而加以區分。在還願時我會盡量是以幫到他人的狀況下去還願，而不是那種跳跳舞就算了的還願方式，像是我一直都覺得現場的工作人員很累，尤其是之前還有

在燒香時我看工作人員要頂著太陽去整理正在燒的香火，每次都汗流雨下，我就想說還願時就直接給現場工作人員小費，不然就是到慈善機構捐錢或是幫忙等方式來還願。現在曼谷的四面佛響應環保規定不准燃燒線香，即使現場還是買得到香，一直以來我都不太會特別買香來參拜（*因為我個人覺得就算沒有燒香，買來插在那邊還是有點不環保*）所以我說啊！網路上參拜的方法很多，與其照著別人的方式參拜，還不如找到一個自己對得起神明的方式，所謂「心誠則靈」啊！自己的心態是正向的我相信任何事也都會跟著實現。

HOW TO GO　在 *BTS Chit Lom* 下車，再步行約 2 分鐘。

⑤ Central Embassy

❼ #逛百貨 #空間寬敞

有人常笑稱 Central Embassy 是曼谷的「餵蚊子」商場，因為相較於很多曼谷的商場這邊人潮似乎沒有那麼多，也是因為這樣 Central Embassy 成為我在曼谷最喜歡的商場（*尤其平日來這邊真的會有一個整個商場被自己包下來的感覺*）。當然不只是因為人比較少而喜歡這邊，我很喜歡這邊寬敞的空間設計，逛起來特別舒服，每次來這邊都有種心曠神怡的感覺。進駐眾多國際知名的精品品牌（像是Hermes、LV、Gucci 等），雖然很多奢侈品都買不起只能看看，但我還是很愛來這邊逛逛，至少這邊還是有很多平價的品牌像是 Zara、Muji、Uniqlo（*骨子裡還是窮人命啊！*）。在這邊最可以感受一下泰國 Hi-So（有錢人）的逛街方式。

OPEN HOUR *10:00-22:00*

HOW TO GO 在 *BTS Phloen Chit* 下車，再步行約 *3* 分鐘。

Eathai

#美食街 #乾淨衛生 #伴手禮 #CP 值高

位於 Central Embassy 地下樓層的 Eathai 默默的被一般遊客忽略（*好像大家都喜歡去 Terminal 21 的美食街*），實在有點可惜。這邊可以吃到泰國所有的經典美食、街頭小吃、傳統甜點等。用餐環境優美、有冷氣吹、衛生又乾淨，適合那種不敢在曼谷街頭路邊攤亂吃怕吃壞肚子卻又很想試試街頭小吃的遊客（*這句話還真是饒舌*），價錢當然比在路邊貴一些，不過也舒適很多，總之就是一個貴婦名媛也想要品嚐路邊攤的概念。不但有美食街還有可以讓觀光客大買伴手禮的專區，比起網路上被炒很熱的量販店 Big C，Eathai 精選的伴手禮品牌更加有質感，重點是價格也跟一般量販店一樣，況且這邊採購的人潮也沒有大賣場多，逛起來也特別舒服，不用跟其他遊客擠來擠去，絕對是我想要一次採購伴手禮回台的好所在。在這邊可以買到很紅的海苔、乾果類產品等。

OPEN HOUR *10:00-22:00*

Siwilai City Club

Instagram siwilaicityclub

餐廳 # 運動酒吧 # 露天用餐

精品時尚概念店 SIWILAI 擴大流行服裝版圖而設立了餐廳兼酒吧 Siwilai City Club，千萬不要被這個名字給嚇到以為它是只限 VIP 才可以進入，這個空間是開放給所有顧客的！分成五個部分：室內的用餐區、外帶小食區、戶外用餐區、酒吧休息區及運動酒吧區。附設 Eatery 餐廳使用當地食材製作精緻佳餚，特別推薦主廚的特製小羔羊肋排，肉質香嫩（650 銖），在台北的餐廳絕對破千。酒吧區就像頂級的貴賓室，還有附設運動酒吧，是運動迷的天堂。室外區則是大型的藍染布料垂吊的沙發帶著度假氛圍，這邊聚集著最時髦的型男型女，晚餐後再移到戶外區點一杯特調雞尾酒，有時這邊還會請來 DJ 放音樂，舉辦特殊的活動。

OPEN HOUR　*11:00-00:00*

Hong Bao

Instagram hongbao_restaurant

粵式料理 # 飲茶

來泰國吃粵式料理有何不可？尤其是和家人同行的朋友，一定會遇到家裡老人在那邊說吃泰國菜吃得不習慣，我爸媽來時就有這樣的問題，即使才來個五天也沒辦法每餐吃泰菜。紅包是一間就算我沒遇到難搞的爸媽，有時在曼谷想念飲茶時會來吃的餐廳，因為泰國有很多華裔泰人，真的不用怕中餐做得不夠道地。用餐環境和餐點都很值得讚賞，價錢比台灣又便宜了一些。最喜歡吃他們的飲茶小點，尤其是鹹蛋黃流沙包，爆漿的內餡，讓人口水直流。

OPEN HOUR　*11:00-22:00*（*10:00-Sat&Sun*）　　　　　　COST 約 *500-700* 銖

Siwilai

Facebook siwilaistore

國際獨立小眾品牌　# 本土商品

老實說曼谷不是採買國際設計品牌的最好城市（*泰國進口商品真的很貴*），不過若是折扣季加上旅客可以退稅，有時候價格還是划算。Siwilai 是少數在曼谷集結國際設計師品牌的概念店，引進許多歐美設計師品牌和小眾的獨立服裝品牌，不只限時尚商品，還有挑選美容保養品、文具、傢飾品等，也有泰國本土的品牌商品，就算沒有要買（*最重要是沒錢買*）也還是可以來這走走，感受一下有錢人的流行品味。

OPEN HOUR　*10:00-20:00*

Open House

Instagram openhouse.ce

書店　# 餐廳　# 咖啡店　# 藝廊

集結書店、Co-Working Space、餐廳、咖啡廳、藝廊、兒童遊戲區的複合式空間，適合每一種人：文青、情侶、自由業工作者、親子等。挑高的天花板佈滿葉子圖案、大型的落地窗戶，讓 Phloen Chit 這樣的商業中心也有喘息放鬆的機會。書店提供各種書籍，如果臨時想要一點曼谷的城市導覽，馬上到書店翻翻旅遊書吧（*不過泰國的進口書真的太貴，真的是翻一翻就好*），和我一樣不愛看書的你也不用擔心，這邊網羅了目前在曼谷最時髦的各式餐廳、咖啡廳，絕對不用怕沒事做或是餓肚子。

OPEN HOUR　*10:00-22:00*（*24hrs Sun*）

7 **·6**

Paris Mikki

\# 法式糕點店　\# 甜點控

Instagram ParisMikki

泰籍糕點師 Carol Boosaba 在巴黎幾間
知名的頂級糕點店（像是 Angelina、
Laduree 等）工作十餘年後回到自己的
家鄉開店，在 Asoke 開設創始店，受
到泰國貴婦們的喜愛。愛吃甜點的我
也深陷其中（*我真的很愛*），雖然一個
小小的糕點就要兩三百銖（*我最喜歡
Millefeuille 法式千層酥*），還是抵擋
不了搶購的熱潮。Central Embassy 裡
Open House 的這間分店，一到週末，
糕點常常一掃而空。

OPEN HOUR *10:00-22:00*

S # Eclair Hands

8 \# 美甲店　\# 繽紛

Instagram eclairhands

由一個在泰國服裝業打滾好一陣子的女孩所開的一人美甲店，會開這間店只是因為
她對於美甲的熱情。原本只是自己「做好玩」的，但朋友紛紛找她彩繪指甲，預約
不斷，就乾脆開一間美甲店。她的指甲彩繪風格相當繽紛亮眼，不信的話快去她的
IG 瞧瞧，絕對讓你立刻愛上，一秒預約去。

OPEN HOUR *10:30-21:00*（*Close on every Mon*）
HOW TO GO 在 *BTS Phloen Chit* 下車，再步行約 *7* 分鐘。
COST 單色光療手指 *700* 銖腳 *700* 銖，指甲彩繪 *1000-2500* 銖（價錢依照彩繪造型不一，
以現場和美甲師討論為主）。
TEL *+66-96-669-2996*

ⓢ Gaysorn Village

⑨ # 百貨公司

緊連著 BTS 輕軌站的 Gaysorn Plaza 算是曼谷老牌的百貨公司，以販賣高級奢侈品為主。最近同一個集團在旁邊新設的 Gaysorn Tower 主打年輕時尚品牌，進駐的品牌更加親民些。兩棟商場再加上對街計畫要重新整修的 Amarin Plaza 串連成為同一集團所擁有的購物據點 Gaysorn Village。新開的 Gaysorn Tower 雖然不大，但怎麼說還是新開幕的商場空間，人就是喜新厭舊，且來到這讓我有種莫名在東京銀座的感覺，導致我們常來這邊晃晃（*看我們有多膚淺*）。但唯一私心的缺點是這邊沒有設哺乳室，嬰兒尿布檯還只有地下一樓的廁所才有，對於有帶小小朋友的父母有點不方便，哎！育兒心事只有父母才知道了（*大離題*）。

OPEN HOUR *10:00-20:00*

HOW TO GO 在 *BTS Chit Lom* 下車，再步行約 *4* 分鐘。

PAÑPURI Wellness

SPA 療程 # 排毒放鬆 # 私人泡湯池

PAÑPURI 在泰國的天然有機護膚、香氛品牌相當知名，很多曼谷的五星飯店都喜歡選用他們家的產品。不只單賣產品，最近在 Gaysorn Tower 的 12 樓開設的養身中心不僅買得到他們家的產品，還是個可以排毒放鬆的場所，提供各種 SPA 療程、日本草津溫泉（有分大眾湯和私人池）、蒸氣室、瑜伽課程，還有排毒餐餐廳等，在這邊泡上一整天不是什麼問題。推薦和閨蜜或是情侶來個雙人的 SPA 套裝療程，最開心的是有私人泡湯池。如果有點預算又願意慰勞自己，真的很推薦來。

OPEN HOUR *10:00-23:00*

Erb Bliss Room

護膚香氛　# 腋下保養　# 客製香水

很多泰國厲害的品牌都是出自名媛之手，而 Erb 就是其中之一。以暹羅宮廷的古傳秘方和天然的泰國原料為靈感製作設計，品牌有完整的保養和香氛系列產品。我個人最喜歡他們家的腋下化妝水和腋下膜（*你沒看錯！腋下也是要保養的！*），非常適合在炎熱的曼谷使用。值得一提的是還有提供客製化香水服務和臉部保養療程，想要試試泰國保養品牌當然不能忘記來這邊掃貨。

OPEN HOUR　*10:00-20:00*

Instagram erbthailand

Boyy and Son Café

磨石子空間　# 時尚包

由包包皮件起家的 BOYY 現在也在 Gaysorn Village 的展示店隔壁開起咖啡店，提供各種飲品和小點心。整個店面以流行的水磨石為裝潢主軸，簡單舒適，就算不買這個品牌的包包也很值得來喝杯飲料。由泰國和加拿大夫妻檔所創的品牌，受到泰國貴婦喜愛也紅到歐美 IG 時尚界，連慾望城市的莎拉潔西卡帕克都拎這款來自泰國的包包（*我個人也覺得這個牌子的包包很好看！*）。

OPEN HOUR　*08:00-20:00*

COST　　　*1 杯咖啡約 70-150 銖*

Instagram boyyandsoncafe

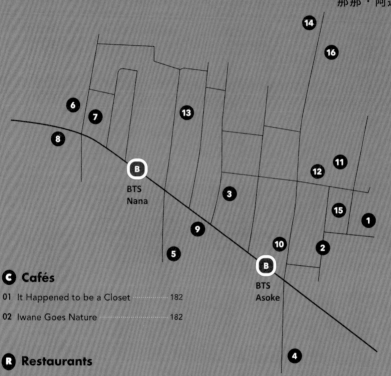

ABOUT NANA · ASOKE

從高級商業、大使館區的 Phloen Chit 往下走，整個氛圍頓時產生劇烈的轉變。Nana 以多元的夜生活和紅燈區吸引各國遊客前往，越晚越熱鬧。各式各樣的酒吧、頂樓景觀餐廳或是路邊販賣紀念品的攤販、小吃路邊攤（甚至賣情趣用品、威爾鋼）提供觀光客各種不同的需求。

在這邊可以看到色瞇瞇的外籍遊客和以此維生的應召女郎、第三性性工作者在路邊拉客，即使住在這邊多年每次經過都還是會被這邊開放的色情業給震懾到（尤其有些嫖客的噁臉，而且我老公荷蘭弟又是阿豆仔，你知道我一個亞洲女性跟西方人走在這邊有多彆扭，感覺好像荷蘭弟是我的客人……）。

若眼很尖的旅客，可以輕易察覺這邊很多人在從事非法交易（像是販賣毒品、大麻、仿冒品之類的），老實說，好像身邊的泰國朋友都很少會約在 Nana（好像有點雜亂）。但是 Nana 絕對不是只有惡名昭彰的一面，對我們來說這邊是異國料理的天堂，

許多印度餐廳、中東餐廳，甚至衣索比亞料理等在這邊都找得到。尤其從 Sukhumvit Soi 3/1 的小巷子進去，中東餐廳、服飾店、伊斯蘭教商品林立，讓人一秒就到中東，完全忘記自己其實身在曼谷，來這邊絕對是很另類的體驗。

從 Nana 到 Asoke，整個氣氛又稍微轉變，色胚別擔心，這裡的 Soi Cowboy（電影《Hangover 醉後大丈夫》的拍攝地點）還是可以窺見曼谷蓬勃的色情行業，只是比起 Nana 區這邊的規模小了一點。Asoke 主要以商業區為重，各大公司行號在這都有設點，也是大眾運輸重要的轉運點（有 BTS、MRT 又離 Klong Boat 快船碼頭不遠），因此一到上下班時間行人來來往往，交通當然也沒在客氣的意思。

這邊也有許多四星級的飯店，還有受到很多遊客喜愛的 Terminal 21 商場，和韓國料理餐廳聚集的 Korean Town。因為離我們的住處不遠，我們也常到 Asoke 的商場、餐廳用餐，便利的交通和方便的生活機能也成為遊客選擇住宿的主要區域之一。

CAFÉS | 咖啡店 | C

Instagram itshappenedtobeacloset

ⓒ It Happened to
❶ be a Closet

服飾甜點 # 別墅空間 # 下午茶

服裝設計師出身的老闆在泰國社交圈算是有一定的地位，十幾年前就創新開了結合服飾與餐點、甜點的複合式空間。別墅型房子佈置得極具異國風格，來到這邊好像來到特色私宅用餐，客群幾乎都是有錢阿姨貴婦來這邊午茶聊是非。自製的糕點好吃但價格以泰國的標準來說算是貴鬆鬆，久久一次來這邊裝有型的貴婦也是不錯啦！

OPEN HOUR	*08:00-23:00*
HOW TO GO	在 *BTS Asoke* 下車，再步行約 *9* 分鐘。
COST	*1* 杯咖啡約 *165* 銖

ⓒ Iwane Goes
❷ Nature

日式麵包 # 洋食餐廳 # 早午餐

一開始只是一間日式的麵包店，最後擴大成提供早午餐、甜點的日式洋食餐廳。沒有漂亮的裝潢，玻璃屋式的建築也沒有好好整理維持，整個不在乎外觀，不過卻是我們在我們家附近最喜歡的早午餐餐廳（因為價格實在又好吃），一到假日可以看到坐滿駐泰的日本家庭。以日式鬆餅最為招牌，鬆軟的 Ricotta Pancakes 是荷蘭弟的最愛，我則是最喜歡 Locomoco Don 丼飯，夏威夷漢堡肉配上日本米，想到我口水就要流出來了。

OPEN HOUR	*07:30-00:00*
HOW TO GO	在 *BTS Asoke* 下車，再步行約 *5* 分鐘。
COST	約 *150-250* 銖

RESTAURANTS　　　　餐廳　　　　R

Ⓡ La Dotta La
③ Grassa

#義大利麵 #超值午餐

Instagram ladottalagrassa

Thong Lo 區的義大利麵專賣店在 Asoke 區開設了姊妹店 La Dotta La Grassa，店家使用的義大利麵是在義大利手工製作空運來曼谷的，強調新鮮的用料和層次分明的口感。在這邊真的讓我大開眼界，原來正宗的義大利麵是不可以「選麵」的，一定種類的麵條配上一定的醬料。店家的裝潢相當的 chic，連菜單的圖案設計也深植我心。特別推薦超值的午餐，價格相當合理，又可以吃到高品質的菜餚，怎麼可以錯過？

OPEN HOUR　*06:30-23:00*

HOW TO GO　在 *BTS Asoke* 下車，再步行約 3 分鐘。

COST　　　　*1 餐 1 人約 350-600 銖*

® El Mercado

④ # 歐式小餐館

起司紅白酒 # 價格公道

Instagram elmercado_bangkok

很難想像周圍都是平民鐵皮屋住宅區內有著這麼一間歐式的小餐館，從隱密的入口進來就像是個世外桃源，和周遭的氛圍形成強烈的對比。這裡可以直接在起司火腿吧選擇冷盤，黑板上寫著利用當天新鮮食材所製作的餐點。曼谷的進口食品貴鬆鬆，尤其像是起司和紅酒白酒，El Mercado 卻提供相當公道的價錢，餐點也非常好吃。我們很喜歡週末來這邊享用午餐，和幾個朋友整個下午耗在這邊喝開聊天（誰說白天不能喝醉？）。若要週末來強烈建議要事先預約。

OPEN HOUR	*11:00-23:30（Close on every Mon)*
HOW TO GO	在 *MRT Queen Sirikit National Convention Centre* 下車，再步行約 *10* 分鐘。
COST	*1* 餐 *1* 人約 *600-1000* 銖
TEL	*+66-99-078-3444*

® **Prai Raya**

Instagram prairaya_phuket

5 # 泰式南方料理

來自普吉島的 Prai Raya 餐廳受到當地人的青睞，來到曼谷設店，讓曼谷人也可以一飽泰國的南方料理。用餐環境舒適寬敞，有室內和室外的座位（室外還有小花園）。最喜歡這邊的黃咖哩蟹肉配泰式米線，新鮮的蟹肉加上椰奶香，不只和米線很搭，也很下飯，難怪連米其林旅遊指南也列入其中。

OPEN HOUR *10:30-22:30*　　　　　　　　**COST** *1 餐 1 人約 500-800 銖*
HOW TO GO 在 *BTS Nana* 下車，再步行約 *5* 分鐘。

® **Taye**

Facebook EthiopianRestaurantBangkok

6 # 衣索比亞料理 #Injera # 強勁黑咖啡

不要一看到衣索比亞就想說「那邊人有東西吃嗎？怎麼還會有料理」拜託！不要那麼無知好嗎？（忍不住發脾氣）好啦！要不是我們幾年前去了衣索比亞，還真的不太會知道他們的料理其實是以 Injera（苔麩做成的麵皮，上面配有不同小菜配料、麵皮包著配料一起吃）當成主食，它帶酸味，或許讓人吃不慣，但我們很愛（苔麩可以算是 superfood，非常健康有益身體）。我們每次來都會點素食套餐 Veggie Combo，份量非常大，兩個人吃絕對綽綽有餘。飯後，別忘了點一杯道地的衣索比亞濃縮黑咖啡，後勁相當強且順口（晚上可以不用睡覺的那種）。

OPEN HOUR *11:30-23:00*　　　　　　　　**COST** *1 餐 1 人約 250-350 銖*
HOW TO GO 在 *BTS Nana* 下車，再步行約 *5* 分鐘。

® **Al Hussain**

7 # 中東各國料理

Sukhumvit Soi 3/1 一進去就可以看到大大小小的中東料理餐廳，第一次來這條街也不知道什麼原因就匆匆選了這間，從此只要來到這就只吃這間而不想去試這條小巷的其它餐廳。餐廳很妙，其實它提供了阿拉伯、黎巴嫩、印度、巴基斯坦、孟加拉的各式料理，要我細述我也說不出來（畢竟我不是研究各國美食的專家），反正喜歡異國料理的旅客自己來試試就知道了，我最喜歡點 Hummus 鷹嘴豆泥。

OPEN HOUR *09:00-02:45*　　　　　　　　**COST** *1 餐 1 人約 150-250 銖*
HOW TO GO 在 *BTS Nana* 下車，再步行約 *4* 分鐘。

Ⓡ **Beirut**

Instagram beirutrestaurantthailand

⑧ # 黎巴嫩料理

我們其實都去 Phrom Phong 的分店（*因為離我家非常近*），說實話我們滿常吃 Beirut，很多曼谷人也很喜歡用 Foodpanda 餐點外送在家享用。我們最常點 Hummus 鷹嘴豆泥、Pita Bread 皮塔餅、 Shawarma Beef 牛肉沙威瑪，特別大推他們家只要去用餐都會附大蒜沾醬（隨餐會附三種沾醬，但我們每次都直接叫店家給我們三個大蒜沾醬，覺得另外兩種醬很還好）配烤餅或是 Pita Bread 都很好吃。

OPEN HOUR *11:00-23:00*   **COST** *1 餐 1 人約 350-450 銖*

HOW TO GO 在 *BTS Nana* 下車，再步行約 *5* 分鐘。

Ⓡ **Doo Rae**

⑨ # 韓國料理 # 小菜吃到飽

Sukhumvit Plaza 聚集大大小小的韓國餐廳、韓國雜貨店，人人稱之為「Korean Town」。這邊韓國餐廳多到還真的不知道怎麼挑選，我們最常吃的是 Doo Rae，它的生意好像也是最好的，尤其一到下班時間，附近的上班族很愛來這相約，餐廳常常坐滿。最喜歡免費附贈的各式小菜（*還可以無限吃到爽*），點個韓式烤肉和泡菜鍋配上小菜，超級令人滿足。

OPEN HOUR *11:00-22:00*   **COST** *1 餐 1 人約 400-500 銖*

HOW TO GO 在 *BTS Nana* 下車，再步行約 *4* 分鐘。

Ⓡ **Pizza Pala Romana**

Facebook Palapizzaromanabistrot

⑩ # 義大利家常料理 # 比薩

在 BTS Asoke 的正下方，小小的店面看起來毫不起眼（*絕對沒有燈光美氣氛佳的用餐環境*），不過一到用餐時間不論是內用或是外帶都可以看到人潮。提供義大利家常料理，像是義大利麵、pizza、鹹派、提拉米蘇等。我們最常外帶他們家的 pizza，口味多，價格實惠又好吃，是很多住在曼谷的西方人很推的餐廳。

OPEN HOUR *08:30-23:00*   **COST** *1 餐 1 人約 300-500 銖*

HOW TO GO 在 *BTS Asoke* 下車，再步行約 *1* 分鐘。

® **The Local**

11 ＃不一樣的泰菜　＃私密家傳菜單

泰式老房改建，外觀相當復古，但室內卻是西式經典的傢俱擺設搭配泰國織品裝飾，散發迷人的殖民式氛圍。可以吃到很許多私密的家傳菜單和泰國的古式經典美食，一般在路邊攤絕對找不到的滋味。這邊的用餐環境和服務都很好，每一道菜都超美，因為和一般熟知的泰菜不同，價格也是貴了一些（當然要跟 Fine Dining 式的餐廳比還是便宜很多），再加上它有在米其林指南上，這又更多了來這邊的理由。

OPEN HOUR　11:30-14:30 / 17:30-23:00　　　　　　**COST**　1 餐 1 人約 800-1200 銖

HOW TO GO　在 MRT Sukhumvit 下車，再步行約 5 分鐘。

® **Chef Bar**

12 ＃漢堡店　＃澳洲老闆

小小的漢堡店老實說相當不起眼，但老闆的漢堡絕對是在曼谷數一數二的好吃。澳洲籍的老闆堅持使用最好的肉品和原料（真的完全可以吃得出來，價格也不太便宜），小店只有老闆一人作業，所提供的位置也相當有限，如果喜歡吃漢堡或肉（牛排）的旅客一定要來試試。唯一小小的缺點就是因為店家太小，每次享用完這個驚艷的漢堡整身都會有油煙味，但也因為漢堡實在太好吃所以也值了。

OPEN HOUR　17:00-21:00（Close on every Sun）　　　　**COST**　1 個漢堡約 400 銖

HOW TO GO　在 MRT Sukhumvit 下車，再步行約 5 分鐘。

Instagram findthephotobooth

13

BARS 　　　　　　　　　酒吧　　　　　　　　B

ⓑ Find the Photo
⑬ Booth

調酒 # 隱密入口

在 Thong Lo 區 的 Locker Room 之後又在 Nana 區開了這間隱密的調酒酒吧，藏在運動酒吧 Score Bar 裡。看到一台立可拍照相機台時，別懷疑那就是酒吧的入口，拍完照後，按下隱藏的按鈕（店家會給提示，在這邊我就不破梗了）進入調酒酒吧，還沒喝酒前就很有戲。調酒本身也沒在開玩笑，提供經典調酒和極具泰國風味的特調，是 Nana 區少見的厲害調酒酒吧。

OPEN HOUR	*18:00-02:00*
HOW TO GO	在 *BTS Nana* 下車，再步行約 *4* 分鐘。
COST	*1* 杯調酒約 *350-400* 銖

ⓑ Q&A BAR
⑭ # 隱密酒吧 # 復古氣氛
品酒聊天

不說還真的不知道在小暗巷裡會有這樣的酒吧，隱密的 Q&A 空間不大，整個感覺有二〇年代的紐約復古味，灰暗的店家播放著爵士或是靈魂樂，很適合不喜歡吵雜而想好好品酒聊天的客人。為了讓客人的重心放在調酒上，店內沒有供應餐點食物，頂多只有薯片可以解解饞。特別注意這邊是有 Dress Code 的，不能穿得太過隨性邋遢，尤其是男生不可以穿夾腳拖鞋，他們對於這個規定可是很嚴格的（曾經就因為朋友穿拖鞋而被請出來，不得不說踢屁啊）。另外，畢竟位子不多，最好事先電話預約。

OPEN HOUR	*19:00-02:00*
HOW TO GO	在 *MRT Phetchaburi* 下車，再步行約 *4* 分鐘。
COST	*1* 杯調酒約 *400-500* 銖
TEL	*+66-2-664-1445*
WEB	*www.qnabar.com*

SHOPS · SPOTS 　商店・景點　S

ⓢ Elements
⑯ Eden

＃工業風　＃傢飾品

Instagram elementseden

這是一個絕對私密的景點
沒錯（我想應該沒有任何一
本中文旅遊介紹過它），它
是一間專門販賣工業風格的
傢飾品店，位於一棟老舊的
泰式建築（走進來有種立刻
進入泰國獨立電影場景的感
覺　）。Elements Eden 由
一對時髦的情侶經營，裡面
賣著工業用的燈具、塑膠容
器等，來這邊走一遭會顛覆
自己對於傢飾佈置的想法，
意想不到的工商業用具也可
以在家用。

OPEN HOUR　*14:00-19:00*（*Close on every Wed&Sun*）
HOW TO GO　在 *MRT Sukhumvit* 下車，再步行約 *7* 分
　　　　　　　鐘。

Ⓢ ⑯ Shrinakhari- nwirot University Market

\# 隱藏版市集

\# 跳蚤市場 \# 熟食小吃

這是一個在大學校區內的市集，只有週二和週四才有，兩天賣的東西和攤販有點小小不一樣（*個人比較推薦星期四來*）。市集有跳蚤市場區、生活用品區（*好啦！其實就是什麼東西都有賣*），但我們還是最喜歡來這邊買熟食小吃或是採買蔬菜水果（畢竟這邊比一般超市便宜一點，但又比傳統市場賣得貴一些）。一般觀光客應該比較不會有在曼谷下廚的機會，所以來這邊大吃小食就好（以熟食小吃的價錢是非常合理的一般價），乾淨又便宜，是非常值得推薦的隱藏市集。

OPEN HOUR　*06:00-15:00*（*Tue & Thu*）

HOW TO GO　在 *MRT Petchaburi* 下車，再步行約 6 分鐘。

SARAN
YEN PANYA

www.56thstudio.com
Instagram saranyen
藝術 #56th Studio

Saran Yen Panya 是我們在泰國最喜歡的藝術創作總監,他的作品往往融合泰國日常、色彩繽紛,且故事性十足。還沒和他有私交之前,荷蘭弟就偷偷地追蹤他,還暗自視他為偶像,後來因為「志同道合」我們有機會認識更有榮幸和他在工作上有所接觸合作。

在曼谷的朱拉隆功大學建築系完成學位後的 Saran,在瑞典的 Konstfack 藝術設計學院獲得碩士學位,他擅長使用平面設計、織品設計、傢俱設計

等訴說屬於自己的故事。Saran 總是在曼谷街頭找尋創作靈感,將路人覺得「一般」或是「俗氣」(甚至讓人意想不到)的元素轉化成最時髦且有趣的作品,就連曼谷街頭的小販所用的塑膠桌椅都可以是他創作的來源,我們很喜歡他饒富趣味和極具泰式風格的作品。目前他和朋友在 Charoen Krung 石龍軍路上所共同經營的工作室 56 Studio(位於 Soy Sauce Factory 內)不定時和曼谷各大品牌、展覽合作,推出與眾不同的視覺作品。

Q1:

你最喜歡曼谷的哪裡？工作上，曼谷如何激發你的創作靈感？

A1:

我最喜歡曼谷的地方就是極端的反差性，曼谷的貧富差距還是很大，這樣的反差性不斷地刺激著我。在路邊我可以找到最便宜、易見的素材，轉個彎則可以立刻到高級精品商場，看到誇張浮誇的裝飾，這樣的反差性對我來說相當的「泰式」。做為一個中產階級的曼谷人，讓我可以輕易的在這兩個階級裡自由穿梭，也讓我能夠欣賞這兩個階級各自擁有的美好，我想這深深地影響著我的創作。

Q2:

在曼谷，你喜歡去些什麼地方？

A2:

如果我有時間（大部分是沒有的，因為我是工作狂），我喜歡在曼谷街頭隨便亂逛。有時到不同的區域或是自己不熟的區域亂晃亂走（我特別喜歡曼谷的老城區）。即使我是曼谷人，每次的步行散步，我還是會發現很多不同的新鮮事。光是在曼谷的老城區亂逛我就可以發現很多不同的建築、藝術、生活方式。

Q3:

你可以說說看目前的曼谷設計現場和十年前有些什麼差異嗎？

A3:

我個人覺得十年前曼谷的藝術設計界似乎比較容易突出，怎麼說呢？因為圈子比較小，要出頭好像比較容易也比較有獨特的創作。但現在因為網路的發達，曼谷人瘋狂使用 Instagram 讓更多人有展示自己的機會，使更多年輕人投入藝術設計界，不過作品風格也較多雷同之處，似乎較難找到令人驚豔和大膽的創作。社群網站的發展讓曼谷藝術設計界的創作者有當「網紅」的機會，但我認為成功的創作者更要知道如何一直提供有深度的作品，而不是追求一時的流行。

Q4:

你最喜歡曼谷的哪一間畫廊？

A4:

我一向最喜歡 Speedy Grandma Gallery。位於小巷內的 Speedy Grandma 周圍是一般老店屋 Shophouse 民宅，我喜歡這個藝廊的「原始」、「平民」感，藝術不是一定永遠高貴或完美的，也不只是給有錢人欣賞的。Speedy Grandma 所辦的展對我來說一直相當有趣、新鮮，且平易近人。我個人也希望曼谷可以有更多這樣的藝術空間。另外，我也很喜歡逛商場，我覺得泰國人的現代文化很重要的一部分是購物，在曼谷逛商場有時就像是在逛藝廊。

Speedy Grandma

- *12:00-18:00（Close on every Mon&Tue）*
- 在 *MRT Hua Lamphong* 下車，再步行約 *12* 分鐘。
- *FB：SpeedyGrandma*

Q5:

對於愛好藝術的人，初次來到曼谷，你會建議他（她）去哪裡呢？

A5:

我會建議來訪曼谷的遊客不要害怕、大膽開放地去感受，選定一個容易散步的區域後，試著不要看手機定位，就放膽的在曼谷街頭亂走。特別推薦曼谷老城區（河岸邊的 Charoen Krung 石龍軍路街區、Ratanakosin 區或是曼谷中國城 Yaowarat），隨意地在路邊吃吃泰式小吃、貼近當地人的生活，對我來說不一定要到「博物館」或是「藝廊」去感受道地的泰式藝術設計，在街區亂晃亂逛，發現泰式日常生活美學更具有特殊意義。

PART 07

Ekkamai · Phra Khanong

億甲邁 · 帕卡農

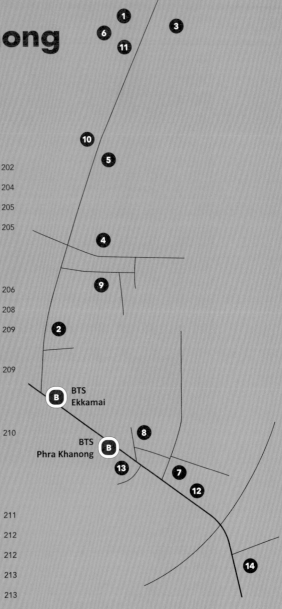

ABOUT EKKAMAI · PHRA KHANONG

沿著 BTS Thong Lo 一直往下（東）走的 Ekkamai 和 Phra Khanong 步調轉為緩慢，若説上兩站 Phrom Phong 及 Thong Lo 的氣氛是高級華麗新潮，那麼 Ekkamai 和 Phra Khanong 可以説是更 local 和 lay-back，也就是説在 Phrom Phong 和 Thong Lo 不能穿睡衣或素顏出門，但在這邊可以很隨性的亂穿出門（千萬不要以為是真的有 Dress Code 啦，冷靜！我只是打個比喻，若你跟我一樣人生就是一個不在乎，還是可以很邋遢的現身）。

Ekkamai 主要為住宅區，相較於前一站的 Thong Lo 這邊的房價便宜一些，小巷子連結著 Thong Lo，算是 Thong Lo 的延伸，許多不同的美食餐廳、酒吧、夜店、咖啡店散佈其中。曼谷人喜歡來這裡吃飯和朋友聚會，週末的交通尤為堵塞。 BTS 旁的大型商城 Gateway 以日本商家為主，是此區主要的購物地點。往東走的 Phra Khanong 多了更多家族經營的小店鋪、路邊攤、傳統市場，在這邊也可以找到緬甸人的社區，品嚐道地緬甸料理，比起不遠的高檔 Thong Lo 這邊似乎更平易近人些。近幾年，許多畫廊、咖啡店、商場進駐，為 Phra Khanong 帶來不同以往的現代活力。

我們很喜歡到 Ekkamai 的餐廳或是咖啡店坐坐，這邊比較惬意，人群也沒有 Phrom Phong 或 是 Thong Lo 來得多和快速，最重要的是這邊沒有 Thong Lo 假鬼假怪的感覺（我還是很喜歡 Thong Lo 的，但那邊的路人真的有種很「巜ㄧㄥ」的感覺）。

Phra Khanong 則是一個離鬧區近的 local 區，一到假日我們很喜歡來這邊的市場晃一晃，並到緬甸社區走走大吃緬甸街頭美食。不然待在 Phrom Phong 或是 Thong Lo 太久，真的會覺得自己在一個「外國人」或「中上階級泰國人」的泡泡裡，Phra Khanong 讓我們回到曼谷庶民平實的一面。

CAFÉS 咖啡店 C

ⓒ WWA
❶ Chooseless Cafe

#時髦選物店 #服飾店
#咖啡廳 #餐廳

混凝土的建築從外觀看起來
還真的不知道裡面藏的又是
生活選物店、又是服飾店、
又是咖啡廳、又是餐廳（天
阿！老闆到底要多忙），一
進來就可以感受到 Hipster
的潮人感，店員和來到這邊
用餐的人都感覺很時髦。咖
啡的糖漿還用實驗室的滴管
（是不是很有梗），是值得
推薦的早午餐餐廳。

OPEN HOUR	*12:00-21:00（Wed-Fri）（10:30-Sat&Sun）*
	（Close on every Mon&Tue）
HOW TO GO	建議使用 *Grab* 叫車前往。
COST	*1 杯飲料約 180 銖*

ⓒ Ink & Lion

❷ ＃咖啡研究 ＃藝術展覽

Instagram inkandlioncafe

Ink & Lion Cafe 提供使用咖啡機以及手工沖泡的咖啡，工業設計的氛圍、白色的裸磚配上木製傢俱，如果真心對咖啡有在研究的人（不像我們這種愛喝咖啡但沒有在鑽研）一定不會失望。店家不定期還會和當地藝術家合作在店內擺飾藝術作品，是個離 BTS 不太遠的文青咖啡店。

OPEN HOUR	08:00-18:00（09:00-Sat&Sun）
HOW TO GO	在 BTS Ekkamai 下車，再步行約 5 分鐘。
COST	1 杯咖啡約 100 銖

ⓒ Kaizen
❸ Coffee Co.

\# 白色空間　\# 高品質咖啡
\# 美祿飲品

店面相當的小，座位也沒有很多，純白色的裝潢，由幾個熱愛澳洲式咖啡文化的朋友所合開（每個店員文青感都很重）。一開幕就受到許多年輕人的喜愛，不只有高品質的咖啡，Kaizen 更是率先在市場上推出 Milo Mountain 美祿（冰美祿加上冰淇淋和大量的美祿粉）飲品大受好評（也因為這樣越來越多咖啡店、餐廳都有這款飲料）。

OPEN HOUR　*08:00-18:00*
HOW TO GO　建議使用 *Grab* 叫車前往。
COST　*1* 杯咖啡約 *150* 銖

ⓒ One Ounce for
❹ Onion

\# 服飾選物店　\# 咖啡店

Onion 是一間以引進販賣國內外服裝品牌的選物店，以休閒經典及高級街頭服飾為主，不僅在 Ekkamai 開設實體店面也有網路商店。Ekkamai 的店面更擴大空間，增設咖啡店 One Ounce for Onion（還有提供餐點，像是義大利麵、沙拉、三明治等）。服飾的單價偏中上價位，但沒關係，來這邊喝個咖啡也很不錯。

OPEN HOUR　*12:00-20:00*
HOW TO GO　建議使用 *Grab* 叫車前往。
COST　*1* 杯咖啡約 *120* 銖

RESTAURANTS | 餐廳 | R

® Wattana
❺ Panich Beef Noodle

\# 泰式牛肉麵
\# 藥膳湯品

店家有著中文的店名「郭炎松」（中國潮州移民的老店），賣的是泰式牛肉麵、羊鞭牛鞭湯及藥燉湯。一般來說在泰國還真的很難找到這樣的藥燉湯，在這邊總算可以一嚐中泰式的藥膳湯品滋味。還沒踏進店內就可以看到超級無敵大鍋湯在熬煮（我懷疑這鍋湯是否每天都有換），店內沒有冷氣，在炎熱的曼谷大喝藥膳湯還別有一番風味（感覺吃太多就會太補大流鼻血）。

OPEN HOUR *09:30-20:00（Close on every Mon）*
HOW TO GO 建議使用 *Grab* 叫車前往。
COST *1* 碗約 *100* 銖

® Thong Rim
❻ Klong

海鮮料理 # 蛋包蟹肉

在水溝旁邊搭建的路邊攤毫不起眼,但一到用餐時間總是排滿人,甚至連外帶區也排滿滿滿的人。到底是賣什麼如此受到歡迎呢?小店之所以出名就是提供高品質又便宜的海鮮料理,每一道菜的海鮮沒有在偷工減料。最受歡迎的是蛋包蟹肉,蛋包一切開可以看到超多蟹肉,一份 400 銖,難怪喜歡大吃海鮮的人就算排隊排個一個小時也甘願。

OPEN HOUR　*08:30-16:00*（*Close on every Sun*）
HOW TO GO　建議使用 *Grab* 叫車前往。
COST　　　　蛋包蟹肉 *1* 份約 *400* 銖

® Bangkok ❽ Okinawa Restaurant Kinjo

\# 沖繩料理 \# 榻榻米

® Mona Burmese

❼ \# 家庭式小攤 \# 緬甸菜

很多緬甸人住在 Phra Khanong，既然這邊很多緬甸人當然就可以找到緬甸的料理。Mona Burmese 在 Phra Khanong Market 裡，稱不上是「餐廳」，比較像是家庭式的小攤，老闆娘 Mona 賣著道地的家常緬甸料理。幾年前去了一趟緬甸也愛上緬甸菜，超愛 Tea Leaf Salad（綠茶沙拉）和 Mohinga（緬甸米線湯）等，都是自己在台灣生活比較少嚐到的滋味，非常值得一試。

HOW TO GO 在 *BTS Phra Khanong* 下車，再步行約 6 分鐘。

COST *1 餐 1 人約 100 銖*

第一次來到這間在 Phra Khanong 的沖繩料理餐廳還是被一個瑞典朋友帶來（有多跳 *tone*）。榻榻米的座位（二樓）、牆壁上貼著日文菜單、海報，真的讓人有種馬上來到沖繩的感覺。最喜歡苦瓜炒什錦，綠色苦瓜拌炒豬肉片及其它蔬菜和沖繩東坡肉，超級下飯，配上清涼的啤酒，整個就是一個爽。

OPEN HOUR *11:30-15:00 17:00-23:00（Mon-Fri）11:30-00:00（Sat&Sun）*

HOW TO GO 在 *BTS Phra Khanong* 下車，再步行約 2 分鐘。

COST *1 餐 1 人約 300-500 銖*

BARS | 酒吧 | B

B Mikkeller Bangkok

Instagram mikkeller.bkk

9 # 丹麥啤酒 # 泰式輕鬆感

位於 Ekkamai 裡的深巷（第一次來還真的有點難找），Mikkeller 其實是來自丹麥的精釀啤酒品牌，來到曼谷開店（台北也有），專賣各種精釀啤酒。和台北的分店不同的是，曼谷的這間分店佔地大很多，還有獨立室外花園，更多了泰式的輕鬆感。我很喜歡 Mikkeller 品牌的插畫設計，饒富趣味的插畫出現在店家的空間中。另外，二樓的 Upstairs（有獲得米其林一星）提供精緻的實驗性套餐，喜歡吃星級料理又愛喝啤酒當然一定要來試試。

OPEN HOUR *17:00-00:00*   COST *1 杯啤酒約 180-350 銖*
HOW TO GO 建議使用 *Grab* 叫車前往。

SHOPS · SPOTS

商店・景點 | **S**

Ⓢ Workmanship
⑩ General Store

\# 二手復古傢俱

\# 美式工業風

Instagram workmanship_generalstore

大型的倉庫裡面擺著由老闆挑選的二手復古傢俱，走的是美式的工業風格。各個傢俱幾乎都是 1800 年代後期到 1900 年代中期時製造，每件傢俱有著現代美國的特徵。每一樣都很想讓人買回家，逛到最後只怪自己錢不夠多。

OPEN HOUR　*09:00-18:00*（*Close on every Mon*）

HOW TO GO　建議使用 *Grab* 叫車前往。

Facebook Y50

⑤ Y50

⑪ # 復古二手傢俱　# 咖啡店
早午餐

店家擺滿復古傢俱，風格迥異，但價格卻相當親人，常常讓我們在這邊敗了不少小型傢俱。如果沒有想要買傢俱的遊客也不用擔心，老闆娘在傢俱店裡面經營的咖啡店，也是附近居民喜歡相約來這 hang out 的地方。老闆及老闆娘一看就知道是老實人（到底這點我幹嘛特別寫啊？），讓人不喜歡這邊也很難。

OPEN HOUR　10:00-18:00
HOW TO GO　建議使用 Grab 叫車前往。

⑤ Phra Khanong
⑫ Market

傳統市場　# 體驗在地生活

離市區最近的草根市集，在這裡可以買得到蔬果、肉品、服飾和泰式日常生活用品（像是農夫草帽、竹編籃等），一區賣著摩托車計程車司機所穿著的橘色背心（買回台灣騎機車穿整個超瞎趴），還有一區有半露天的理髮小攤，可以窺見當地人的生活。要知道曼谷隨時都在改變，尤其是這種離市區很近的區域，如今市場有很大一區被夷平準備要蓋 Condo 套房大樓（曼谷到底是要有多少 Condo 才夠！？心痛啊）想要體驗 local 生活真的要快，不然說真的曼谷這樣草根的場景實在越來越難找了。

OPEN HOUR　08:00-18:00
HOW TO GO　在 BTS Phra Khanong 下車，再步行約 9 分鐘。

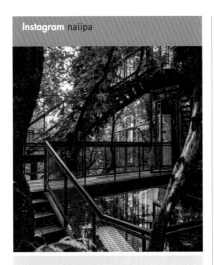

Ⓢ ⑬ Naiipa Art Complex

咖啡店　# 香蘭葉鬆餅
設計空間

Naiipa（字面意思是森林深處）是複合式的建築空間，包括美甲spa、畫廊、錄音室、舞蹈室、咖啡廳和辦公空間。空間主要以設計工作室為主，對於遊客來說可能比較沒什麼意思，但還是可以到這邊的 Li-Bra-Ry Cafe 坐一坐，喝個咖啡享用店家最有名的香蘭葉鬆餅後，在整個空間晃晃，享受一下這個得獎的設計建築空間。

OPEN HOUR　09:00-20:00
HOW TO GO　在 BTS Phra Khanong 下車，再步行約 3 分鐘。

Ⓢ Refill Station
⑭ # 環保概念商店

台北人的環保回收觀念比起曼谷人來說還是完善一點，Refill Station 是少數在曼谷有環保概念的店家，販賣環保商品（像是購物袋、環保餐具等），甚至還提倡顧客自行攜帶空容器，來裝取洗髮精，沐浴露和洗滌劑，進而節省塑料垃圾的環保成本。店家在 Phra Khanong 的下一站 On nut，雖然位置有點偏但還是把它抓出來提一下。

OPEN HOUR　08:00-22:00
HOW TO GO　在 BTS On Nut 下車，再步行約 3 分鐘。

PART 08

Siam · Ratchathewi· Phaya Thai

暹羅‧拉差裡威‧帕亞泰

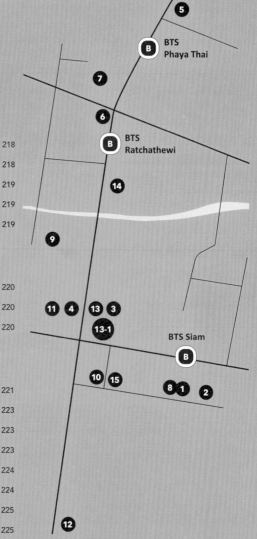

ABOUT SIAM · RATCHATHEWI · PHAYA THAI

遊客熟知的 Siam 購物區其實為泰國王室所擁有，皇室租借給大型的零售企業，整個區域發展成我們現在所看到的大型購物中心據點，可以説是曼谷目前最主要的購物區及交通轉乘點。

「Siam 暹羅」其實是泰國的占名，雖然現在的 Siam 區並不是政府行政上規劃的確切名稱，但當地人都還是這麼稱呼。還是對此區「有看沒有懂嗎？」（我也不知道我剛剛幹嘛寫那麼專業的名詞感覺很嚇人），Anyway 我常把 Siam 比喻成台北的台北車站或是西門町（這樣有沒有比較淺顯易懂？），這邊聚集著學生族群（因為很多學校和補習班都在這區）和想要大肆購物的外國遊客、當地泰國人，只是比起台北車站或是西門町，暹羅區似乎範圍又更大、人群又更多。

Siam 的每一個購物中心區塊又為滿足各種族群，分成一般最受到泰國人及外國遊客喜愛的 Siam Paragon，裡面不只有各大國際品牌商品、餐廳、書店、電影院等，還有適合親子共遊的室內水族館。Siam Center 和 Siam Discovery 主要販賣泰國設計師商品，

從服飾到傢飾品應有竟有。MBK 則是深受外國遊客喜愛，專賣泰國紀念品、電子電信產品等，還有附設美食街。Siam Square 聚集年輕的學生族群，平價流行商品小店、補習班、甜點店、餐廳等通通可以在這邊找到。

往 Siam 西北邊走的 Ratchathewi 和 Phaya Thai，便利的交通是很多便宜又有設計感的背包客旅館開設的地區（算是 Siam 的一個延伸），雖然沒有重要的景點或購物商圈，但在街區亂走亂繞更可以體驗到泰國人的日常生活。並且是曼谷穆斯林居住的區域之一，在這邊可以吃到最道地泰式的穆斯林料理。

我們對 Siam 區可説是又愛又恨，久久沒來這邊逛逛總會有點想念，但每次一來這邊就覺得很想立刻回家（因為這邊無時無刻都好多人，我們有極度人群恐懼症），不過話説大家都是觀光客，如果只是來曼谷玩，這邊真的很好逛，可以一次買齊需要買的東西（伴手禮）。若覺得 Siam 區太過擁擠，往 Phaya Thai 的方向走就能有些泰式的 local 體驗（咖啡店也比 Siam 多）。

CAFÉS	咖啡店	C

ⓒ After You

❶ # 蜜糖吐司 　# 日式刨冰 　# 榴槤甜點　　　　　　　　　* Siam Paragon 分店

這間被各個部落客介紹到爛掉的甜點連鎖店不只深受遊客喜愛，連泰國人也很愛，長期住在曼谷的我們也是時不時就喜歡來這邊報到。現代人很容易就是三分鐘熱度，一個風潮過了店家可能就做不起來，但 After You 在泰國甜點界屹立不搖（*只能説老闆很會想新的梗*），每間分店到飯後午茶時段依舊需要候位。這邊最出名的就是蜜糖吐司和日式刨冰 Kakigori，不定期還會推出限量的季節性風味商品，甚至還在 Siam Paragon 地下室的分店加設了榴槤甜點專賣店，滿足榴槤控的甜牙齒們。

OPEN HOUR　*10:00-22:30*　　　　　　　　　COST　日式刨冰 *1* 份約 *250-300* 銖

HOW TO GO　在 *BTS Siam* 下車，再步行約 *1* 分鐘。

ⓒ Siam Pandan

❷ # 香蘭葉小蛋糕 　# 台灣的雞蛋糕

專賣傳統的泰式點心 Kanom Krok Bai Toey，它其實就是用香蘭葉作成的小蛋糕。口感有點像台灣的雞蛋糕和發糕的綜合體，並帶著濃濃的香蘭葉香，一個人就可以把一盒吃光光（*老實説，Siam Pandan 是讓我們特地跑來 Siam 的理由之一*）。店家還有賣其它泰國小糕點也都極具特色又好吃，怪不得小小的店家在 Siam 商圈就開了兩間分店。

OPEN HOUR　*11:00-18:30*　　　　　　　　　COST　*1* 份約 *40* 銖

HOW TO GO　在 *BTS Siam* 下車，再步行約 *2* 分鐘。

Ⓒ Brave Roasters

Instagram braveroasters

❸ # 高品質咖啡　# 逛街中場休息

曼谷最棒的咖啡烘焙坊之一，當然主打店家自己烘焙新鮮的咖啡豆，也因為這樣，顧客可以品嚐到新鮮的咖啡飲品。這邊不只單單賣咖啡，還有很多不含咖啡的飲料、糕點。位於 Siam Discovery 商場內的店家不大，是學生或是附近上班族開會見面的地點，座位很常一下就被佔據。玻璃落地窗可以看到輕軌 BTS 往返和熙攘的交通，也是一個享受另類曼谷景觀的咖啡店。

OPEN HOUR　10:00-22:00（Last Order21:00）　　　COST　1 杯咖啡約 100-150 銖

HOW TO GO　在 BTS Siam 下車，再步行約 3 分鐘。

Ⓒ Gallery Drip Coffee

Instagram GalleryDripCoffee

❹ # 手沖咖啡　# 攝影同好

老闆是兩位專業的攝影師也是鑽研咖啡的好手，在 BACC 曼谷藝術文化中心裡面開設這間小小的咖啡店，主打手沖滴咖啡。到樓上逛逛藝術展覽後，來這邊喝一杯咖啡再舒適也不過了！

OPEN HOUR　11:00-21:00（Close on every Mon）　　　COST　1 杯咖啡約 100-150 銖

HOW TO GO　在 BTS National Stadium 下車，再步行約 2 分鐘。

Ⓒ Factory Coffee

Instagram factorybkk

❺ # 自家烘豆　# 適合工作

曼谷的咖啡風潮越演越烈，和我剛搬來曼谷時的樣貌實在相差甚遠。Factory Coffee 又是一間自行烘焙咖啡豆的店家，因而有販賣自家的咖啡豆商品。不只如此，店裡的咖啡師幾乎年年獲得國內的獎項，在泰國咖啡界可是有一定的知名度。店面空間不小，很適合旅遊時還需要用電腦工作的旅客來這邊一邊喝咖啡一邊趕工作進度。

OPEN HOUR　08:30-18:00　　　COST　1 杯咖啡約 120 銖

HOW TO GO　在 BTS Phaya Thai 下車，再步行約 3 分鐘。

| **RESTAURANTS** | 餐廳 | **R** |

Ⓡ Jaekoy

Instagram jaekoyrestaurant

❻ ＃道地東北菜 ＃超便宜

像是台灣的熱炒店，但裡面賣的是泰國菜，又以東北菜為主。第一次來這是被泰國朋友帶來的，一吃驚為天人，每道菜都非常道地（所以辣度也沒在客氣，不吃辣的朋友要特別請他們手下留情），最重要的是相當便宜，原本是很陽春的店家，店面越擴越大，還加裝冷氣。當地人很愛來這邊喝酒配點下酒菜，度過一個漫漫長夜。

OPEN HOUR *17:00-03:00*　　　　　　　　　　COST　*1 餐 1 人約 200-300 銖*

HOW TO GO　在 *BTS Ratchathewi* 下車，再步行約 *2 分鐘*。

Ⓡ แตออโรตีชาซัก

❼ ＃香蕉煎餅 ＃穆斯林 ＃泰式奶茶

香蕉煎餅是很多台灣遊客喜歡的路邊小吃，其實它是泰國的穆斯林族群飲食文化下的產物，Ratchathewi 居住著很多穆斯林，在這邊可以吃到最正宗的清真飲食。晚上才開業的 แตออโรตีชาซัก 沒有高級的店面，幾張鐵桌、鐵椅的路邊攤販聚集非常多當地人，不只賣香蕉煎餅，還有賣包肉的鹹餅 Roti Mataba 也超級好吃。另外也有販賣各種泰式飲料，一杯香醇的泰奶配上 Roti 甜到炸卻是滿滿的泰式滋味。

OPEN HOUR　*18:30-23:30*（*Close on every Mon*）　　COST　*煎餅 1 份約 20 銖*

HOW TO GO　在 *BTS Ratchathewi* 下車，再步行約 *5 分鐘*。　SEARCH　*https://reurl.cc/DxEXd*

Ⓡ Doo Dee

＊ Siam Square 分店

❽ ＃粿條老店 ＃便宜 ＃吃辣很可以

從創始店一直吃到在 Siam Square One 商場裡的新店面，我們每次來到 Siam 不知道要吃什麼，又不想花錢（因為 Siam 幾乎都是在吃餐廳）的最佳選擇。這邊有賣各種泰式麵條，還有常見的泰式料理（炒青菜、涼拌青木瓜等）。喜歡吃辣的朋友，湯麵的辣度都可以調整，我第一次來誤吃五級辣度的湯麵（自以為很會吃辣）差點在餐廳暴斃（別緊張！我是誇飾），如果你自認為很會吃辣有種來挑戰看看。

OPEN HOUR　*11:00-21:30*　　　　　　　　　　COST　*1 碗約 45 銖*

HOW TO GO　在 *BTS Siam* 下車，再步行約 *2 分鐘*。

SHOPS · SPOTS　　　　商店·景點　　S

ⓢ YELO House　　　　Instagram yelohouse

⑨ ＃藝文空間 ＃市集 ＃面向運河

原來是倉庫，在一群創意人士的努力下將它轉變為多功能藝術創意空間，成為文創平台。不定期舉辦藝術活動、各式各樣的工作坊（很常請目前在泰國很紅的插畫家、藝術家辦教學工作坊）、市集等。也有藝術或是設計工作室進駐，讓從事相關產業的年輕人更有發揮的空間。另外也有附設餐廳及咖啡廳，特別推薦面向運河咖啡廳的 Thirsty You，隱密且令人放鬆。

OPEN HOUR　*11:00-20:00*（*Gallery*）（*Close on every Tue*）*08:00-22:00*（*Cafe*）

HOW TO GO　在 *BTS National Stadium* 下車，再步行約 *5* 分鐘。

ⓢ London Brown　　　　Instagram londonbrownshop

⑩ ＃獨立品牌 ＃手工皮鞋

曼谷的獨立品牌，專門生產訂製經典風格的皮革鞋類，包括皮鞋、休閒鞋和船型鞋。使用高級皮革，以手工製作的鞋子來說價格相當合理，還一度登上國際時尚雜誌 Hypebeast，偏中性風格。是我們每次去 Siam Square 商圈少數必逛的店家之一（大部分在 *Siam Square* 的店家風格都太年輕流行了啦，不太適合我們這種老人）。

OPEN HOUR　*12:00-21:00*（*Mon-Fri*）（*11:00-Sat&Sun*）

HOW TO GO　在 *BTS Siam* 下車，再步行約 *3* 分鐘。

Instagram baccbangkok

11

Ⓢ **BACC**

⓫ # 藝文中心 # 免費入場

曼谷最大的藝術文化中心，舉辦泰國當代藝術、設計、音樂、表演藝術和電影等各類不定時的特展。嚴格來說，這邊當然不及國際知名的藝術中心，但人生不要跟紐約、倫敦比嘛。而且 BACC 還是免費入場參觀的，展場外部建築和內部的設計還仿照紐約的古根漢美術館，是來到 Siam 商圈值得一訪的藝文中心（不要只想著購物，偶而要沾沾藝術氣息啊！）。

OPEN HOUR *10:00-21:00*（*Close on every Mon*）

HOW TO GO 在 *BTS Nationl Stadium* 下車，再步行約 *2* 分鐘。

Instagram chulastagram

Ⓢ **Chulalongkorn** ⓬ **University**

第一學府 # 食堂

來到 Siam 區不難發現路上很多穿著制服的年輕學子（泰國的大學還是要穿制服的），因為泰國的第一學府朱拉隆功大學 Chulalongkorn University（之於台灣的台大）就在此區。擁有悠久的歷史廣大的校區，很另類的參觀景點（好像有些人出國喜歡逛校園不是嗎？）作為榮譽校友的我（我是在這讀碩士沒錯，但「榮譽」一詞當然是我胡說的），我會很推薦來學校的食堂走一走（便宜又好吃），不過如果你來曼谷只有三天兩夜那就不用特地跑來這邊好嗎？（除非你是名校控）

HOW TO GO 在 *BTS Siam* 下車，再步行約 *14* 分鐘。

ⓢ Siam Discovery

⓭ # 當地品牌 # 個性伴手禮

Siam 區主要的三大商場就是 Siam Paragon、Siam Center、Siam Discovery，但又以 Siam Discovery 最深得我心。為什麼呢？這邊有 Club 21 可以買得到國際設計師品牌（像是 Commes Des Garcons、ISSEY MIYAKE、Sacai 等），還有精選眾多泰國設計師的商品 Objects of Desire Store 等。我們最喜歡逛三樓的 Creative Labs（各種傢飾設計品牌，以泰國當地品牌為主）和 Ecotopia（泰國當地品牌為主的食品、保養品等），是採買個性伴手禮絕對不能錯過的商場。

OPEN HOUR *10:00-22:00*

HOW TO GO 在 *BTS Siam* 下車，再步行約 3 分鐘。

ODS

生活選物店 # 當地品牌 # 居家雜貨

Objects of Desire Store 位於 Siam Discovery 百貨內，為集團自行統籌規劃的生活選物店。不只如此，這邊百分之九十販賣泰國設計師或是小眾品牌（品項包括傢飾、文具、香氛品牌等），我個人非常推薦，尤其對於要趕行程又想買泰國品牌生活小物的旅客，我更是大推，ODS 走一圈直接一次滿足。

Ⓢ **Wooden Submarine**

⑭ # 美式復古服飾　# 20-70 年代

這間服飾店反應出老闆對於美式復古服裝的熱愛，主要收集販賣二〇到七〇年代的服飾和軍用服裝、皮包、靴子等。不過價格不便宜（復古 T-shirt 約 1200 泰銖起跳），若你和老闆一樣是喜歡搜集美式復古經典服裝控或許就不會覺得貴吧？特別提醒，老闆採一個「隨性」風（要開門不開門的意思），所以如果要來最好事先打個電話。

OPEN HOUR　*13:00-20:00*（*Mon-Fri*）*00:00-18:00*（*Sat&Sun*）　　　**TEL** *+66-81-255-2866*
HOW TO GO　在 *BTS Ratchathewi* 下車，再步行約 *2* 分鐘。

Ⓢ **Frank Garcon**

⑮ # 選物店　# 獨立小品牌　# 文青

如果要知道曼谷在流行什麼緊盯著 Instagram 就對了，不只如此，其實 IG 是曼谷年輕人最主要的購物天堂，很多獨立的帳號販賣自己挑選或是設計的商品。Frank Garcon 則是一間在 IG 上很紅又在 Siam 商圈開的選物店，以販賣泰國獨立小品牌為主，想看泰國（年輕）文青在流行什麼穿著來這邊就對了。

OPEN HOUR　*12:00-21:00*
HOW TO GO　在 *BTS Siam* 下車，再步行約 *3* 分鐘。

PART 09

Ari
阿里

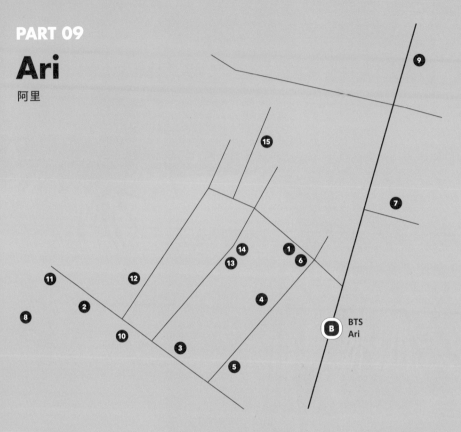

BTS
Ari

ABOUT ARI

這邊的住宅就是以房子大又有庭院著名（有多想搬來這邊），整個街區區域的綠化做得相當好，樹木茂盛，和曼谷市中心的高樓大廈形成強烈的對比。原本只是一個中上階級的住宅區，近幾年悄悄地多了各式各樣的咖啡店、餐廳、店家等，其中又以咖啡店居多，成為文青們熱愛 Cafe Hopping 踩點拍照的區域。

Ari 和 Sukhumvit 的 Phrom Phong 及 Thong Lo 所呈現的氛圍完全不同，綠意盎然的環境，店家又更加走一股小眾的清新感，步調似乎比 Sukhumvit 來得更加緩慢、放鬆。如果已經受夠了 Sukhumvit 區那過於紛亂的鬧區，那麼就來 Ari 走一走吧！

我們因為自己本身住在 Sukhumvit 區，要來 Ari 一趟還真的有點遠（懶），為了跟上流行和找住在這附近的朋友還是偶而會來這邊逛逛。Sukhumvit 區以花俏又新潮流行店家取勝，但 Ari 的隨性 SlowLife 氣氛絕對是市區找也找不到的。

從 Ari 人的夜生活就可以看出它和 Thong Lo 區完全不同，在 Thong Lo 的人喝一杯就是要穿金戴銀一般，然後要翹腳拿著高腳杯自以為是明日之星，但 Ari 人的夜晚絕對不是這樣，是和朋友在餐廳吃飯配酒，喝的不是花樣百出的調酒，而是啤酒（*Ari 也是喜歡喝精釀啤酒的好地方*），你說是不是就是隨性做自己？

只是這邊的店家分散又更加當地，真的不好好做功課而跑來可能會覺得「咦！Ari 並沒有像泰國文青口中的好吧？」而草草結束在這的探險（*這點我可是過來人，若事先沒查好想去的店家很常就想說好吧！我們還是坐 BTS 去一般的商場好了！*），想到 Ari 前別忘了翻一翻這本旅遊書，或是 Google 也可以啦（*天啊！我超不會賣書的*）。

CAFÉS

咖啡店

C

ⓒ One Dee Cafe

❶ # 特殊甜點 # 泰奶冰淇淋

店家自行開發製作冰淇淋口味，融合傳統泰式甜點，在這邊可以吃到特殊的甜點及飲品，像是冰淇淋配上泰式蝦醬和糯米飯（有沒有很驚人？），可惜我是個不敢嘗試怪東西的地方媽媽。我來這邊默默點了泰式奶茶冰淇淋，濃濃的泰奶味搭配台式珍珠，絕配！

OPEN HOUR 10:00-22:00（Fri-Sun-22：30）
HOW TO GO 在 BTS Ari 下車，再步行約 1 分鐘。
COST 1 份約 100 銖

ⓒ SATI Handcraft Coffee

❷ # 戶外座位 # 手作工作坊
咖啡啤酒

SATI Handcraft Coffee 有點不太好找，經過一個小型的通道後猶如世外桃源般的豁然開朗，這邊不只是咖啡廳也有戶外座位區更有手作工作坊，不只有咖啡飲料也還有賣各式精釀啤酒。

OPEN HOUR 08:00-20:00
HOW TO GO 在 BTS Ari 下車，再步行約 14 分鐘。
COST 1 杯咖啡約 100-150 銖

C Landhaus Bakery

3 # 手工麵包 # 不定期小市集

想當初我剛來曼谷，厲害的（西式）麵包店還真的只有大品牌的連鎖麵包店（像是 Paul），現在則是越來越多獨立的手工麵包店，且水準相當的高，Landhaus Bakery 就是其中一間。現烤手工製作的麵包，加上清新的室內風格，難怪深受附近居民喜愛。

OPEN HOUR 07:00-19:00（Close on every Mon）

HOW TO GO 在 BTS Ari 下車，再步行約 10 分鐘。

COST 1 杯美式咖啡約 60 銖，1 個麵包約 25-70 銖

C Oh Café

4 # 銷魂椰奶凍

如果你 Google 搜尋 "Oh Cafe"，然後你絕對會想「天阿！有沒有搞錯？ rice/potato 怎麼會推薦這個？」沒有錯！它真的是一間外觀完全沒有特色的咖啡廳（這樣說好像有點過分），我也沒來這邊喝過咖啡（想必看到現在又是一頭霧水？那我到底幹嘛推薦它）好啦！他們家自製的椰奶凍讓我可以馬上上天堂，超級銷魂，所以每次來 Ari 就會來這邊帶上一杯銷魂椰奶凍。

OPEN HOUR 08:00-18:30

HOW TO GO 在 BTS Ari 下車，再步行約 7 分鐘。

C Laliart Coffee

5 # 樸實咖啡店 # 早午餐

要不是聽住在 Ari 區朋友的介紹還真的不會特別想來，畢竟這年頭大家都被「好拍照」的店家吸引，Laliart Coffee 沒有網美愛的裝飾，提供實在的咖啡飲品和早午餐餐點。採用來自泰國北部 Mae Jam 的咖啡豆，在這邊不會看到只顧拍照的網美，相當安靜且令人放鬆的氛圍（就是很 Ari）。

OPEN HOUR 09:00-18:00

HOW TO GO 在 BTS Ari 下車，再步行約 7 分鐘。

COST 1 杯咖啡約 50-150 銖

RESTAURANTS 餐廳 R

Ⓡ Ong Tong
Ⓖ **Khao Soi**

泰北咖哩麵

Instagram ongtong.khaosoi

Khao Soi 泰北咖哩麵是我們最愛的泰北美食之一，Ong Tong Khao Soi 則是一間專賣 Khao Soi 的小餐館，因應在 Ari 區，連賣這樣傳統美食小吃的店也搞得相當文青。很特別的是這邊還有賣乾炒 Khao Soi（說真的我在別處還真的沒吃過，可能是我孤陋寡聞），價錢也很平價，也難怪一到用餐時間常坐滿。

OPEN HOUR　*10:30-21:00*
HOW TO GO　在 *BTS Ari* 下車，再步行約 *1* 分鐘。
COST　　　*1* 碗約 *70* 銖

® ❼ Phed Phed Café

\# 東北料理　\# 在地人熱愛
\# 東北香腸

Instagram phedphed_food

不是我想狂下豪語，但這應該是我在曼谷最喜歡的一間泰國東北（Issan）料理店，小小的店家總是擠滿當地人，證明我的口味應該和泰國當地人一樣吧！在這邊可以吃到各式各樣東北料理，像是涼拌青木瓜、烤豬肉配糯米飯等。我最喜歡 Tum Phed Phed 店家特製泰式涼拌沙拉和 Sai Krok Issan 東北香腸，沒有在誇張的好吃（*價格也相當便宜*）！

OPEN HOUR	*11:30-20:00*
HOW TO GO	在 *BTS Ari* 下車，再步行約 *7* 分鐘。
COST	*1 餐 1 人約 150-250* 銖

BISTROS	餐酒館	**Bi**

Ari 區的餐廳跟酒吧可以劃上等號，有賣酒的就一定有得吃，在這邊特別把可以又喝酒又大啖美食的酒吧、餐廳放在一起。到底是酒吧還是餐廳呢？就不要執著了！

Bi **Dok Kaew House Bar** `Instagram dokkaewhousebar`

8 # 老屋空間 # 啤酒嚴選 # 泰式料理

沒有華麗裝潢，而是由一棟有 80 年以上的歷史老屋改建而成。出資的老闆們在曼谷啤酒文化界的來頭可不小，有人是小型啤酒釀酒廠的負責人，有人則是專門研究啤酒的專家，絕對可以滿足對於啤酒飲品挑剔的遊客。另外，這邊也提供各式泰式料理、泰式下酒菜，來這邊可以體驗最 Ari 區的夜生活氛圍。

OPEN HOUR *17:00-00:00*（*Close on every Sun*）   COST *1 杯啤酒約 200-400* 銖
HOW TO GO 在 *BTS Sanam Pao* 下車，再轉搭 *Tuk Tuk* 車前往。

Bi **Dumbo Jazz & Vinyl Bar** `Instagram dumbobangkok`

9 # 屋頂酒吧 # 爵士樂現場演出

Dumbo Jazz & Vinyl Bar 是個屋頂酒吧，和市中心高級飯店奢華感大不相同，來到這邊不用怕穿得太隨性沒有符合 Dress Code 被趕出去（*不愧是在 Ari 區，隨性到底*）。看著 BTS 輕軌駛過享用餐點，最重要是有爵士樂樂團現場演出，非常 relax。

OPEN HOUR *17:30-00:00*   COST *約 200-400* 銖
HOW TO GO 在 *BTS Saphan Khwai* 下車，再步行約 *7* 分鐘。

Bi **Wraptor** `Facebook wraptor2018`

10 # 墨西哥捲餅 # 精釀啤酒

說到 Ari 區的漢堡店絕對不會錯過 Jim's Burger，它可以說是 Ari 漢堡界的始祖。比起漢堡，我個人是比較喜歡吃墨西哥捲餅，同一個老闆之手的 Wraptor 則是專賣墨西哥捲餅、Taco 塔可餅、Nachos 玉米餅等，當然也有提供泰國及來自世界各地的精釀啤酒。

OPEN HOUR *11:30-00:00*   COST *捲餅 1 份約 150-250* 銖
HOW TO GO 在 *BTS Ari* 下車，再步行約 *11* 分鐘。

Pla Dib

Instagram pladibrestaurant

11 # 有機餐點　# 自家咖啡　# 新鮮生魚片　# 精釀啤酒

這邊賣著泰國菜、西餐、日本料理，可以説是相當多元，有自己的小型有機農場和自行烘焙的咖啡。早在 Ari 還沒那麼受到曼谷人注意時，Pla Dib 就已經悄悄地在這個區域深耕，不斷地在嘗試不同於大眾市場的新鮮事，是住在 Ari 區的曼谷人喜歡用餐、和朋友 hang out 的最佳去處。最推薦新鮮的生魚片配精釀啤酒，爽！不喜歡喝酒的人也沒關係，店家有自家栽種的整顆小西瓜汁超級清涼消暑。

OPEN HOUR　*08:00-15:00 17:00-23:45（Close on every Mon）*　　　　**COST**　*1 杯啤酒約 250 銖*
HOW TO GO　*在 BTS Ari 下車，再步行約 15 分鐘。*

Hanazen

Facebook hanazenbangkok

12 # 日式居酒屋　# 經濟實惠

來到 Ari 區就是不需矯揉造作，Hanazen 是個簡單樸實日式居酒屋，提供生魚片、熟食，雖然食材不是最頂級精緻的，但還是相當新鮮美味，最重要的是價格相當實在。來到這邊用餐就像來到一個日本朋友家一樣，相當輕鬆舒適，週末晚上強烈建議訂位。

OPEN HOUR　*17:30-22:45（Close on every Mon）*　　　　**COST**　*1 餐 1 人約 300-600 銖*
HOW TO GO　*在 BTS Ari 下車，再步行約 12 分鐘。*　　　　**TEL**　*+66-2-619-7044*

SHOPS · SPOTS

商店·景點 　　　　S

Ⓢ Gloc

Instagram glocglocgloc

⓭ #時髦小店 #當地品牌 #服飾小物

打開 Gloc 的 Instagram 帳號就知道它是一間相當流行時髦的小店，精選很多泰國當地的服飾品牌、流行小物、生活用品等，還有引進來自美國 IG 話題保養彩妝品 Glossier（*他們目前在台灣和泰國都沒有設點*），我本身是 Glossier 的大戶，多虧 Gloc 有賣讓我身在亞洲也可以輕易買到他們家的商品。

OPEN HOUR　*11:00-21:00*

HOW TO GO　在 *BTS Ari* 下車，再步行約 *3* 分鐘。

Ⓢ Tokyobike

Instagram tokyobike_th

⓮ #有型單車 #一日租借

來自日本東京的腳踏車品牌在英國、澳洲、德國和新加坡設店後，曼谷也成為他們海外進駐的城市。雖然在曼谷市區騎車真的有點像是自殺行為（*好啦！我又言重了*），但比較起來台北真的太適合騎腳踏車，即使這樣近幾年曼谷人還是迷上騎自行車（*在小巷弄間騎還是很 ok 的*）。我們對這種高價的自行車實在沒有什麼研究（*畢竟我們很窮酸*），但還是推薦給大家，值得一提的是這邊有提供自行車的租賃服務，是遊 Ari 區不錯的選擇（*Ari 很適合騎車的別擔心*）。

OPEN HOUR　*11:00-19:00*　　　　　　　　　COST　租借單車 *1* 天約 *300* 銖

HOW TO GO　在 *BTS Ari* 下車，再步行約 *3* 分鐘。

⑤ Calm Spa

⑮ # 清新日式　# 大量植物
療癒放鬆

Calm Spa 整個設計清新帶點現代日式風格，泰國的 IG 網紅們紛紛前來打卡，讓文青也有適合自己的 Spa 館。 來到二樓的中央休息室就如同來到世外桃源一般，原木的拱門加上純白的牆面，空間內擺滿了大型綠葉植物。休息的沙發座椅由植物將各區隔開，讓顧客可以不受打擾的放鬆休息，準備接下來的療程。除了休息空間外，這裡連療程房間、腳底按摩房都精心設計。和一般在曼谷看到的 Spa 館不同，撇開傳統泰式風格設計，這邊採取北歐且現代日式風格，環境舒適放鬆，更是美到讓人不由自主拍照上傳 IG。

Instagram calmspathailand

OPEN HOUR	10:00-23:00
HOW TO GO	在 BTS Ari 下車，再步行約 7 分鐘。
COST	泰式按摩約 1000 銖

SARUN PINYARAT

www.fungjai.com
音樂　#Fungjai

原本從事平面設計的 Sarun Pinyarat 一直對於獨立搖滾音樂抱持著極大的熱誠，多年前在美國工作時接觸了 Spotify，想要把此概念帶回曼谷。回到泰國後，和幾位志同道合的朋友成立 Fungjai 免費音樂平台，提供線上音樂、線上音樂雜誌等，介紹泰國獨立音樂、樂手，讓樂迷可以聆聽最新音樂，也提供音樂創作者表現自己的管道。

「Fung」在泰文裡是「聽」的意思，「Jai」是「心」，fungi 在英文則是翻為「真菌」，公司取名 Fungjai，Sarun 希望好音樂可以如同孢子般快速繁殖，蔓延到每個有心人的耳中。曼谷的獨立音樂發展不及歐美大城市，但還是慢慢一年比一年茁壯，尤其泰國人相當喜歡現場樂團表演，喜歡聽音樂的你不妨在 Fungjai 官網上聽聽泰國獨立樂團，感受一下泰國在獨立音樂的發展。Fungjai 不定時也為獨立樂團、音樂家舉辦現場表演音樂會，喜歡現場音樂表演的朋友來到曼谷記得追蹤一下 Fungjai，獲得最新的曼谷獨立音樂資訊。

Q1:

你最喜歡曼谷的哪裡？（工作上，曼谷如何激發你的創作靈感？）

A1:

曼谷是相當獨特的城市，提供任何人所想要或是所需的。在這邊你可以找到最極致的奢侈品也可以找到最廉價的商品，想要深度文化之旅曼谷可以給你、想要寧靜的慢活Spa 時光曼谷也可以給你，絕對滿足每個人的需求。因為這樣的多元性隨時啟發著我，像是在阻塞的車陣中看到天價的超跑車和極具代表的平民交通工具嘟嘟車 Tuk Tuk 並排，曼谷的多樣性和強烈的對比對我來說是最迷人的。

Q2:

在曼谷，你喜歡去些什麼地方？

A2:

老實說，我通常喜歡待在家裡躲開曼谷的紛擾，哈哈，當然還是有一些地方是我喜歡去的。因為我個人比較喜歡寧靜慢活的生活，曼谷有不少公園值得推薦像是最大且在市中心的是樂園 Lumpini Park，在這可以看見來慢跑、健身、野餐、騎腳踏車、划船的民眾，可以稍稍躲開曼谷城市繁雜的一面，讓整個人沈澱下來。另外，我也很喜歡離曼谷市區不遠的邦喀造 Bangkrachao，在這邊可以放慢步調，盡情享受綠色生活。

是樂園 Lumpini Park

- 04:30-21:00
- 在 MRT Silom 下車。

邦喀造 Bangkrachao

- 在 MRT Queen Sirikit National Convention Centre 下車，再轉乘 Grab。

Q3:

你可以說說看目前的曼谷音樂現場和十年前有些什麼差異嗎？

A3:

「科技」絕對改變了整個曼谷的音樂界。對於音樂創作者本身在創作音樂時有更多不同的選擇，以前做音樂時，從樂器本身到錄音到最後的製作都相當的昂貴，每一個步驟都需要花上一筆可觀的金錢。並不是每一個人都可以「玩音樂」。

不僅如此，以前曼谷的音樂界受到

大公司品牌控制，音樂的選擇相當有限，導致整個泰國人民所接觸的音樂都是主流的音樂，任何出自大品牌，像是 GMM Grammy 製作的音樂就會大賣。

現在由於科技的發達，泰國音樂界有了 180 度的轉變，創作者有更多的創作媒介和資源（利用手提電腦在家就可以錄製音樂），也越來越多線上雜誌或是非主流的小眾刊物開始介紹獨立音樂。當然還有社群網路，讓創作者可以即時展現自己的音樂和樂迷互動。也因為這樣曼谷有更多獨立的音樂創作者，音樂的種類也越來越多元，對我來說這個世代的音樂轉變讓我感到相當的興奮，音樂界已經不再是大牌當道、泰國人只聽同一種音樂的時代。

Q4:

你最喜歡哪一個泰國獨立樂團呢？

A4:

我相當喜歡 Death of A Salesman。對我來說他們不只是我最喜歡的泰國獨立樂團之一，就算和國外的樂團相比，在我心目中他們仍是我相當喜歡的獨立樂團。

他們在 10～15 年前相當的活躍，我記得我第一次聽到他們的音樂時是我在大學時期，我只能用「震撼」來形容當時的心情。他們的音樂極具原創實驗性，那個時代我從來沒有聽過這樣的音樂。

他們的音樂主軸還是流行樂，但所呈現的方式在 10 年前真的相當創新，很難想像樂團只有兩名成員包辦所有的創作及製作。他們現在已經沒有再有演出或是推出新的音樂，在我們 Fungjai 第一次舉辦的演唱會中，我們很榮幸地特別邀請他們現場演出，演唱會完美落幕，在我的年代，他們對我來說是極具代表性的獨立樂團。

Q5:

對於愛好音樂的人，初次來到曼谷，你會建議他（她）去哪裡呢？

A5:

我會說 Play Yard by Studio Bar，很難過的店家在今年（2019）二月底宣布歇業，不過也不用擔心，曼谷還是有很多地點可以欣賞現場音樂表演，看你喜歡什麼樣的音樂。

如果你喜歡看好的表演尤其是聽翻唱音樂或是泰國流行搖滾樂團我會推薦 Older（BTS Sanam Pao），如果是想要聽非主流的獨立樂團表演建議可以去 Loyshy（在 BTS Ratchathewi 附近），如果喜歡比較古典爵士樂的遊客我會推薦 Iron Fairies（Thong Lo 區）。

Older

- *18:00-02:00*
- 在 *BTS Sanam Pao* 下車，再步行約 *1 分鐘*。
- *IG：olderbangko*

Loyshy

- *17:30-01:00*
- 在 *BTS Ratchathewi* 下車，再步行約 *2 分鐘*。
- *IG：loyshybar*

The Iron Fairies

- *18:00-02:00*
- 建議使用 *Grab* 叫車前往。
- *IG：ironfairiesbkk*

PART 10
Sathorn · Silom

沙吞 · 是隆

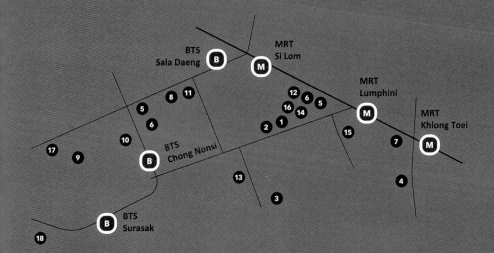

ABOUT SATHORN · SILOM

和 Sukhumvit 區一樣，Sathorn（沙吞）和 Silom（是隆）也是曼谷主要的商業區，辦公大樓林立、許多國家大使館、高級飯店設立於此。白天可以看到上班族通勤、朝九晚五的工作樣貌，街道上有大大小小的餐館、路邊攤，一到中午用餐時間總是擠滿了上班族（相對而言，週末這邊很安靜）。

夜晚一到，早上忙碌的辦公氣氛馬上大解放，搖身一變成多元的夜生活場景（可見上班壓力有多大），五星的飯店頂樓酒吧、小餐館、路邊攤、特色酒吧，甚至有紅燈區 Patpong 夜市等，滿足各種想要以不同方式買醉的需求。此外，這邊也是曼谷最著名的同志區（話說，其實曼谷各區都有一些 LGBT 的店家，只是這邊算是店家最聚集的區域）。

Sathorn 寬闊的主要道路，讓人有點忘卻身在曼谷（曼谷不是每條路都那麼寬又那麼直的），我剛搬來曼谷時就是住在 Sathorn 的住宅區內（繼 Sukhumvit 區，Sathorn 也是外國人很

愛住的一區），相較於 Sukhumvit 區，我認為 Sathorn/Silom 還可以找到泰國草根庶民風味，這一區的小巷內有很多當地的路邊攤販，延伸的小巷還可以看到相當 local 的 Songthaew（雙排車，以小貨車改裝的載客車）。

另外，也因為許多外國人定居於這附近，使得此區各式料理餐廳、小酒館林立。Silom 區或許因為聲色場所聚集而惡名昭彰，但這邊絕對不是只有色情行業和一般的辦公大樓，若花時間細細品味及深入絕對可以發現意想不到的一面。

CAFÉS

咖啡店

C

ⓒ Guss Damn
❶ Good

美式冰淇淋
手工製作

Facebook GussDamnGoodSaladaengSoi1

原本只開放接受私人訂單的手工冰淇淋店,現在越做越大,出現在各大創意市集、跟品牌聯名,當然也開了實體店面(*目前在曼谷還不只一間*)。在美國波士頓讀書的創始人將美式冰淇淋的製作方式帶來曼谷,自行研發推出有趣的口味,像是龍眼花蜜冰淇淋。我有泰國朋友說這是她吃過最好吃的冰淇淋,我個人是覺得還不錯吃啦,到底有沒有讓人驚艷只有自己試試才知道了!

OPEN HOUR *11:00-23:00*
HOW TO GO 在 *MRT Lumphini* 下車,再步行約 *6* 分鐘。
COST *1* 球約 *80-100* 銖

Instagram eurekanitrocoffee

ⓒ Eureka Coffee

❷ # 咖啡特調 # 鹹蛋拿鐵

咖啡店搞得很像是來到酒吧一樣，大型的吧檯在店內，提供咖啡特調和飲料（別擔心這些都不會喝醉）。一看飲料單的照片又再次以為自己走錯來到調酒吧，每一杯飲料都搞得超美。最受歡迎的是鹹蛋拿鐵 Kai Kem Latte，聽起來可能很噁心，但我個人覺得超級好喝，值得一試。

OPEN HOUR　08:00-20:00

HOW TO GO　在 MRT Lumphini 下車，再步行約 6 分鐘。

COST　鹹蛋拿鐵一杯約 120 銖

ⓒ 椰子冰淇淋

❸ # 廣東奶奶 # 夾麵包

椰子冰淇林好像成為來到曼谷必吃的點心，又以 Chatuchak 週末市集所賣的椰子冰淇淋最受觀光客喜愛，不過我本人最愛這間由廣東奶奶賣的椰子冰淇淋攤，超級濃的椰奶味。沒什麼好說的，它就是我在曼谷吃過最好吃的椰子冰淇淋！夾麵包 15 銖、杯裝 13 銖，這樣的價錢怎麼可以不照三餐來一份？（我人生就是走很偏）

OPEN HOUR　12:00-23:30

HOW TO GO　在 BTS Sala Daeng 或是 MRT Lumphini 下車，再步行約 20 分鐘。（請輸入 https://reurl.cc/V2lXZ 查詢位置）

COST　1 杯約 13 銖

RESTAURANTS　　　餐廳　　　R

Ⓡ Issaya
❹ Siamese Club

＃亞洲前 50　＃現代泰菜
＃椰香鬆餅

連續好幾年被選為亞洲前 50 名餐廳的 Issaya Siamese Club 是一棟民宅大房改建的泰式創意餐廳，主廚 Ian Kittichai 在泰國餐飲界的名氣可是響叮噹，旗下餐飲集團的作品遍佈曼谷。在 Issaya Siamese Club 用餐沒有很矯情做作的感覺（我是有點怕那種每個人都需要盛裝的用餐環境），用相當現代的手法製作經典的泰式菜餚。強烈建議要先做一下功課（也可以直接問服務生），不然當下菜單滿滿的英文沒有圖片，像我這種很討厭看字的人就會很懶得看菜單，雖然說店家有提供套餐選擇很適合懶人點，但我是覺得單點比較划算。我個人最喜歡生鮭魚泰式河粉 Salmon Pad Thai、烤豬肋排 Kradook Moo Aob Sauce 和椰香鬆餅 Kanom Tung Taek。說到這個椰香鬆餅，

如果你幸運剛好遇到一個很會表演的服務生，整個甜點的呈現會很有戲劇張力（在這邊不多說以免破梗），會讓人大叫（第一次點就整個被嚇歪，第二次點的服務生就沒那種感覺，整個遜掉）。

OPEN HOUR	*11:30-14:30 18:00-22:30*
HOW TO GO	建議使用 *Grab* 叫車前往。
COST	*1* 餐 *1* 人約 *800-1200* 銖
WEB	*www.issaya.com*

ⓡ Namsaah
❺ Bottling
Trust

\# 亞洲創意料理

\# 氣氛棒

Instagram namsaahbottlingtrust

它也是 Issaya Siamese Club 的主廚的另一間餐廳，整個餐廳是一棟粉紅色的洋房，裡面的每個房間都漆上不同的鮮豔顏色，搭配復古的裝飾、昏暗的燈光，用餐氣氛相當不錯。提供亞洲創意料理，比起 Issaya Siamese Club 的高級精緻餐點，這邊有更多平易近人的小食，單價也更便宜些。

OPEN HOUR　*17:00-01:00*

HOW TO GO　在 *BTS Chong Nonsi* 下車，再步行約 *2* 分鐘。

COST　*1* 餐 *1* 人約 *600-800* 銖

ⓡ The Local
❻ Canteen

道地泰菜 # 午間套餐
手工啤酒

Facebook Localcanteen

裝潢讓人誤以為是文青味
的咖啡店，沒想到居然是
販賣最樸實的泰式料理。餐
點非常道地實在，價格也是
相當合理（這種等級的餐廳
在曼谷真的越來越貴了），
不外加服務費和稅金，食材
卻沒在偷工減料，完全不加
味精，值得推薦給不敢在
泰國吃路邊攤的遊客（相信
我還是真的很多人腸胃很敏
感）。中午還有很超值的午
餐套餐，每個主食附湯（這
不是台灣人最愛的嗎？附湯
耶！），還有一個很值得介
紹的是這邊獨家代理很多泰
國當地的手工啤酒品牌。特
別要注意他們下午的休息時
間，晚餐時間才又再開門，
可別撲空了！

OPEN HOUR	*11:30-14:30 17:30-22:00（Close on every Sun）*
HOW TO GO	在 *BTS Chong Nonsi* 下車，再步行約 *1* 分鐘。
COST	*1* 餐 *1* 人約 *180-250* 銖

ⓡ Sun Moon

❼ # 中式家常菜　# 當地人很愛
餃類

店外掛著中式燈籠，說實在的外
觀和內部很不起眼，不過一到用
餐時間擠滿了當地人，就表示這
小餐館一定有吸引人之處（*跟著
當地人吃就對了！*）。賣的中式家
常料理，又以水餃、煎餃最受顧
客的喜愛，晚來還會賣光吃不到
的。我們最喜歡煎餃和酥炸茄子，
配啤酒超爽。可以用中文點餐，
是我想念中餐常來的小餐館。

OPEN HOUR 　*11:30-20:30*
HOW TO GO 　在 *MRT Lumphini* 下車，再步行
　　　　　　　約 2 分鐘。
COST 　　　*1 餐 1 人約 150-250 銖*

ⓡ Sibsong Banna
❽ Noodle House

泰北咖哩麵　# 泰北米線

泰北咖哩麵一直是一道我們很愛
的泰北菜。這間在 Silom 區的
Khao Soi 專賣店深受遊客和當地
人的喜愛，份量相當小，大概兩
口就可以嗑完，一碗才 35 銖。麵
條和我一般吃的 Khao Soi 有點不
太一樣，比較偏向台灣的油麵。
除了泰北咖哩麵 Khao Soi，這邊
也有賣泰北米線 Khanom Chin
Nam Ngiao。

OPEN HOUR 　*07:00-15:00（08:00-Sat）（Close
　　　　　　　on every Sun）*
HOW TO GO 　在 *BTS Chong Nonsi* 下車，再步
　　　　　　　行約 5 分鐘。
COST 　　　*1 碗約 35 銖*

® Luka

Instagram lukabangkok

9 # 複合空間 # 傢飾茶品 # 西式早午餐 # 肉丸三明治

Luka 和傢俱飾品公司 Casa Pagoda 合力打造的複合式空間，三層樓的建築裡座位區提供客人入座享用美食，交叉展示著 Casa Pagoda 販賣的傢飾品，還有販賣泰國當地的風味茶品牌 MALOU Tea Aterler。平時可以看到很多用電腦工作的 Digital Nomad 在這邊工作邊喝咖啡，一到用餐時間則是擠滿了附近的上班族用餐，週末則是吸引曼谷人來這邊吃早午餐。餐廳提供簡單好吃的西式餐點，像是健康藜麥沙拉、早餐捲、烤起司三明治等。我特別喜歡 Luka 的肉丸三明治，非常合我的胃，看似小小一個但相當有飽足感。

OPEN HOUR *09:00-18:00*   **COST** *1 杯咖啡約 120 銖*

HOW TO GO 在 *BTS Surasak* 下車，再步行約 5 分鐘。

® Supanniga Eating Room

Facebook SupannigaEatingRoom

10

奶奶家常菜

業主 Thanaruek Laoraowirodge 把奶奶的家常菜重新包裝，展現在饕客的眼前，價格當然比路邊小餐館貴，但又比高級的泰式餐廳便宜許多。一直受到曼谷人讚賞的 Supanniga Eating Room，在曼谷開了不只一間，在河邊的分店能夠看河景也相當值得一去，更推出遊輪用餐的套裝行程，一邊搭船享受昭批耶河景致一邊享用店家準備的餐點。

OPEN HOUR *11:30-14:30 17:30-23:00*   **COST** *1 餐 1 人約 300-500 銖*

HOW TO GO 在 *BTS Chong Nonsi* 下車，再步行約 7 分鐘。

BARS　　　　　　　　　　　　酒吧　　　　　B

Ⓑ **Vesper**

⑪　# 高檔調酒吧
　　# 義式料理

店名如同 007 詹姆士龐德的著名特調馬丁尼，Vesper 是一間高檔的調酒酒吧和義大利料理餐廳，提供絕對不馬虎的飲品和餐點。如果室外沒有太熱，我們喜歡坐在外面的桌子品嚐特調雞尾酒，街頭的景色和店家內部優雅西式感對比強烈，相當有趣。

Instagram vesperbkk

OPEN HOUR　*17:30-01:00*
HOW TO GO　在 *BTS Sala Daeng* 下車，再步行約 3 分鐘。
COST　　　*1* 杯調酒約 *400-450* 銖

Instagram happyendingsbkk

Instagram smallsbkk

B ⑫ Happy Endings Eats&Bar

越南料理 # 酒吧

不僅是一間酒吧也是一間專賣越南料理的小餐廳，以混凝土砌成的牆面擺著一些亞洲風情的小擺飾和圖畫。調酒師 Watcharapong "Bank" Suriyaphan 以亞洲的風味為靈感，特製出極具特色的飲品。如果想大吃肉的朋友，可以到餐廳樓下的 The Meatchop 享受優質牛排。

OPEN HOUR	*11:00-15:00 17:00-23:00*
HOW TO GO	在 *MRT Lumphini* 下車，再步行約 *5* 分鐘。
COST	*1* 杯調酒約 *350* 銖

B ⑬ Smalls

巴黎風 # 爵士樂 # 洋人很多

Sathron 區的 Saun Plu 巷子近幾年也成為很多外國人選擇居住的地區，因此，這條巷子多了很多有趣的店家（西餐廳、麵包店等，一些洋人愛的店）。由一棟轉角的三層樓店屋改造，巴黎風格的內部裝飾，昏暗的紅光，播放著爵士樂，Smalls 自開店以來就成為住在附近的外國人喜歡 hang out 的酒吧。

OPEN HOUR	*19:00-02:00*（*Close on every Tue*）
HOW TO GO	建議使用 *Grab* 叫車前往。
COST	*1* 杯調酒約 *350-400* 銖

⑤ Bangkok
⑭ Screening
Room

獨立電影
泰國文青集散地

Instagram thebkksr

電影控千萬別錯過Bangkok
Screening Room，只提供
52 個座位的放映室，播放
全世界的各類經典電影或是
獨立電影，更致力於推廣泰
國當地電影產業，也就是説
在這可以看到泰國的冷門
片。不定期的舉辦影展，還
有推出 VIP 的優惠套票，是
愛看電影的泰國文青們喜歡
聚集的空間。

OPEN HOUR　*15:00-00:00*（*Tue-Fri*）
　　　　　　　11:00-00:00（*Sat&Sun*）
　　　　　　　（*Close on every Mon*）
HOW TO GO　在 *MRT Lumphini* 下車，再步行約 *5* 分鐘。
COST　　　*1* 張票約 *200* 銖

SHOPS · SPOTS

商店 · 景點　　**S**

Instagram bangkokcitycity

Instagram woofpackbangkok

Ⓢ CITYCITY
⑮ Gallery

當代藝術 # 當地藝術家

「白色的巨型方盒」是從外面看 CITYCITY Gallery 的第一個印象吧？其實是個當代藝術畫廊，展出各種形式的當地藝術家作品，包括繪畫、雕塑、影像和現場表演。純白的現代建築從周圍大樓環境中脫穎而出，歡迎藝術愛好者進入並觀看最新的展覽。造訪之前最好先到臉書查詢最新展覽資訊，要知道泰國人很隨性的，說不定剛好沒有特別的展或是沒開而白跑一趟。

OPEN HOUR　*13:00-19:00（Close on every Mon&Tue）*

HOW TO GO　在 *MRT Lumphini* 下車，再步行約 *5* 分鐘。

Ⓢ Woof
⑯ Pack Building

複合式空間

Woof Pack Building 是一個概念式的複合式大樓，比起附近的高樓這邊算是小小的一棟。集結了 Happy Endings 酒吧、Space 藝術空間、Guss Damn Good 冰淇淋店等（*也就是說以上很多我提到的點都聚集於此*），是一個充滿活力的創意場地。

OPEN HOUR　*10:00-00:00*

HOW TO GO　在 *MRT Lumphini* 下車，再步行約 *6* 分鐘。

Ⓢ Wat Phra Si Maha Uma Devi

⑰ # 印度廟

沒有住在曼谷還真的不知道泰國其實住著很多印度裔的移民，就如同這邊很多早期的中國移民一樣，因為戰爭、為了尋求更好的生活，很多來自印度的移民選擇來到泰國生活。也因為如此，印度的文化也深深影響著泰國的文化，在這邊當然也可以找到印度的廟宇，Wat Phra Si Maha Uma Devi 可以說是在曼谷市區最著名的印度廟，印度廟的附近也有許多印度料理餐廳，若你跟我們一樣深深的對印度文化著迷當然別錯過來這邊走走。

OPEN HOUR *06:00-20:00*　　　　**HOW TO GO**　在 *BTS Chong Nonsi* 下車，再步行約 *12* 分鐘。

Ⓢ Abracadabra

Instagram abracadabra_bangkok

⑱ # 指甲彩繪　# 選物店　# 喝咖啡吃點心

嫁到泰國的日籍女生 Amy 經營的複合式空間，在這邊可以做指甲、採買 Amy 所挑選的泰國商品、也可以喝咖啡吃個手工點心。在這做指甲彩繪充滿了未知和驚喜，只要選今天想要做的指甲色系，Amy 就會發揮自己的創意，為客人訂製獨一無二的指甲設計，每次看到她在我的指甲上「作畫」就覺得很不可思議，上面黏著寶石、珍珠，甚至是 Swarovski 的水晶。（指甲彩繪採預約制）

OPEN HOUR　*10:00-15:00*（*Mon-Fri*）*09:00-20:00*（*Sat&Sun*）　**COST**　約 *2200-2900* 銖 / 指甲彩繪
　　　　　　　（*Close on every Wed*）　　　　　　　　　　　　**TEL**　*+66-95-206-1868*
HOW TO GO　在 *BTS Saphan Taksin* 下車，再步行約 *5* 分鐘。

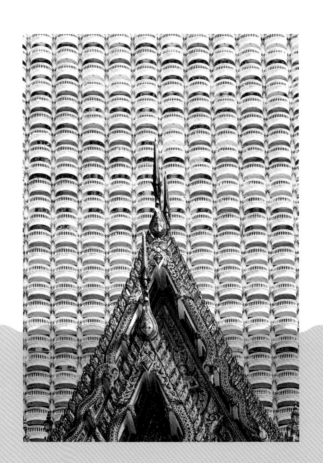

Talat phlu
美食地圖（P.284）

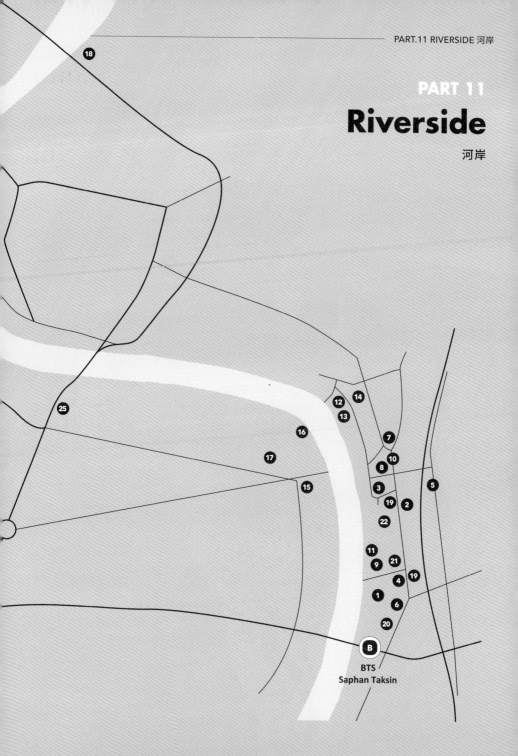

PART 11

Riverside

河岸

BTS
Saphan Taksin

小時候在地理課本上讀到東南亞時都一定會提到這條鼎鼎有名的昭批耶河 Chao Phraya，俗稱湄南河。這條河流是泰國境內最大的河流，如果你從小有好好讀書就知道古代的文明和經濟命脈就是沿著河流發展起來的（想不到我也會那麼有知識吧？），昭批耶河當然也不例外，沿著河流及周圍可以看到曼谷的起源、歷史的軌跡和文化上的重要景點，是觀光客來到曼谷不會錯過的區域。

對於現今的當地人來說昭披耶河是貿易、觀光、交通、休閒的重要媒介。以前還沒有搬來曼谷還是個觀光客時（真懷念那個時光），都會沿著河邊玩，搬到曼谷後因為工作生活都在市中心，來到河邊的機會慢慢變少，也常常忽略河邊的美好（我想很多曼谷人跟我一樣）。但這幾年越來越多有趣的店家（而不是那種專門滿足觀光客需求的）漸漸在河邊冒出，還有剛開幕不久的超大型購物中心 ICON SIAM，曼谷人的眼光漸漸地重回到河邊。

我們自己本身則是有時太厭倦市中心的生活，時不時愛往這邊跑，到有河景的飯店住一晚，河邊的景色搭上曼谷的天際線讓我們有種：「天啊！原來我們住在曼谷。」的感覺（市區真的跟台北沒什麼太大的差別）。在這附近的小巷散步、當地市場巡禮更可以體驗到最貼近泰國人的生活（河邊太多有故事的老古蹟）。說句老實話，到底有誰可以抗拒絕美的河流景觀？河流配上泰國寺廟、高樓大廈成為曼谷最具代表的景色。

CAFÉS

咖啡店 | **C**

 Sarnies

❶ # 老屋空間

新加坡咖啡

來自新加坡的連鎖咖啡店進軍曼谷咖啡市場，其實 Sarnies 來曼谷已經很久了，之前在 Phrom Phong 區的深巷內，最近搬到 Charoen Krung 附近的老房內，成功吸引泰國人的矚目。撇開專業的咖啡飲品不說，對於整個老屋的設計我不能不大大讚賞。

Instagram sarnies.bkk

OPEN HOUR *08:00-17:30*

HOW TO GO 在 *BTS Saphan Taksin* 下車，再步行約 *5 分鐘。*

COST *1 杯咖啡約 150-200 銖*

ⓒ Maison
❸ Chatenet

法式甜點　# 下午茶

ⓒ Hēi Jīi

❷ # 中式風格

曼谷的中式風格繼續延燒，新開不久的黑雞 Hēi Jīi 咖啡店，就是其中一間走中式風格的咖啡店，斑駁的牆面、舊報紙當作桌墊（還是中文報），不用説一開幕就是受到泰國 IG 網美爭相拍照，我們當然輸人不輸陣派我兒子上場，果然鎮壓全場，爽！（我到底是怎樣的媽媽，走很偏）。

OPEN HOUR　09:00-18:00（Close on every Mon）
HOW TO GO　在 BTS Saphan Taksin 下車，再步行約 14 分鐘。
COST　1 杯咖啡約 90-120 銖

Maison Chatenet 是由之前在曼谷開糕點店 Albert Chatenet 的師傅哥哥所開，為河岸東側的 Charoen Krung 石龍軍路帶來法式的精緻糕點及麵包產品。店家有提供座位，旁邊就是 Warehouse 30 創意園區，在這可以喝個午茶再去隔壁繼續逛也不嫌晚。

OPEN HOUR　08:00-16:00（Close on every Mon & Tue）
HOW TO GO　在 MRT Hua Lamphong 下車，再步行約 15 分鐘。
COST　蛋糕約 110 銖，咖啡約 80-120 銖

RESTAURANTS | 餐廳 | **R**

® Muslim
❹ Restaurant

\# 咖哩煎餅　\# 穆斯林
\# 好吃到哭

曼谷有著相當多元的文化信仰，當然少不了穆斯林文化，這裡販賣的咖哩煎餅 Roti Mataba 真的是好吃到想落淚，不僅煎餅本身非常美味，附在旁邊用小鐵盤裝的醃黃瓜看似窮酸但它絕對是這道菜的靈魂，巧妙地中和內餡包滿脆肉的酥脆煎餅，或許是我當下太餓，觸動我的美食神經和淚腺，讓我一吃變主顧，這間沒有冷氣、看似陽春的小餐館實在太令人驚豔了！

OPEN HOUR	06:30-17:30
HOW TO GO	在 BTS Saphan Taksin 下車，再步行約 6 分鐘。
COST	1 份約 30 銖

Instagram 100Mahaseth

® 100 Mahaseth
❺

\# 泰北料理　\# 一豬多吃
\# 泰北香腸堡

兩位在泰國餐飲界小有名氣的主廚 Chalee Kader 和 Randy Nopprapa 開設以泰北菜餚為主的餐廳（但其實也不單單只有泰北菜，融合了東南亞菜和主廚的創意）。另外，喜歡吃肉或豬牛內臟的朋友有口福了，這邊也特別主打「一牛或是一豬吃到底」的亞洲飲食文化，一般在路上少見（或是*在路上吃也覺得處理不乾淨*）的牛肚、骨髓等通通點得到。特別推薦泰北的香腸熱狗堡，泰北香腸酸酸辣辣相當開胃，搭配啤酒整個就是完美！

OPEN HOUR	11:30-23:00
HOW TO GO	在 MRT Hua Lamphong 下車，再步行約 14 分鐘。
COST	1 餐 1 人約 250-500 銖

Instagram baanphadthai

® Baan Phad Thai

❻ # 泰式炒河粉 # 晉級街頭美食

Phad Thai 泰式炒河粉一直是遊客很喜歡的泰式料理，以老式店屋改建的 Baan Phad Thai 外觀漆著亮眼的土耳其藍色（我個人超愛這種藍）要錯過也很難。店家將這道街頭美食精緻化，配上更厲害的佐料像是螃蟹、烤嫩雞等，如果你熱愛 Phad Thai 泰式炒河粉一定要來這邊試試。

OPEN HOUR	11:00-22:00
HOW TO GO	在 BTS Saphan Taksin 下車，再步行約 4 分鐘。
COST	1 份約 160-250 銖

® 80/20

❼ # 隨性 Fine Dining
季節性菜單 # 當地食材

由一群熱愛食物的朋友合開的 80/20 強調使用百分之八十的當地食材搭配百分之二十的進口原料，是一間極具泰味的創意料理餐廳。我們其實沒有很迷吃創意料理或是 Fine Dining（總覺得有點假仙且有距離感），但在 80/20 完全打破我對這種料理的想法，主廚以及團隊想要給予客人一個舒適隨性的用餐空間但餐點絕對沒有在隨便的意思（是 Fine Dining 的等級）。來到這邊就很像來到朋友家用餐的感覺，不像一般高級餐廳要裝個樣子。80/20 更標榜推出季節性的菜單，每一季都特別設計不同的餐點，給客人不同的味蕾饗宴。

OPEN HOUR	18:00-23:00（Close on every Mon）
HOW TO GO	在 MRT Hua Lamphong 下車，再步行約 10 分鐘。
COST	1 餐 1 人約 3000 銖

ⓡ JUA

⑧ # 日式居酒屋

Facebook juabangkok

中國城已經不只是賣中泰式料理，連日式居酒屋都可以找到。JUA 就是一間在暗巷住宅區內以日式居酒屋為主的店家，不只吃得到日本燒烤下酒菜料理，也可以喝到各種日本酒精飲品。別想在這邊飽餐一頓，記住它怎麼樣還是一間居酒屋，絕對不適合大食怪。

OPEN HOUR　*18:00-00:00（Sun-22:00）*

HOW TO GO　在 *MRT Hua Lamphong* 下車，再步行約 *12* 分鐘。

COST　*1* 杯酒約 *350* 銖，下酒菜 *1* 道約 *200-300* 銖

ⓡ China House at MO

⑨ # 粵菜　# 假日自助早午餐

Instagram mo_bangkok

China House 中茗閣是在曼谷文華東方酒店附設的中式餐廳，提供精緻的粵菜美食。因為我們很嚮往也很喜歡東方文華這樣經典奢華的品牌，若有時想念中式料理或想好好犒賞自己就會來這用餐。我們都會特別選在假日來享用假日才有的早午餐自助吧，不僅有自助吧（有時有魚翅、煲湯等），特製的菜單吃到飽，在現代裝潢融合中式元素內的餐廳用餐，這樣的環境和所提供的餐點，算一算實在滿划算的。

OPEN HOUR　*11:30-14:30 18:00-22:30*

HOW TO GO　在 *BTS Saphan Taksin* 下車，再步行約 *11* 分鐘。

COST　假日早午餐 *buffet*　*1* 人約 *1500* 銖

BARS

| 酒吧 | B |

Ⓑ Tropic City

10 # 熱帶島嶼風情
萊姆酒調酒

待在曼谷久了就會知道，很多店家都是有關聯的。由兩名在之前很火熱的餐廳兼酒吧 UNCLE（已經停業）和 Lady Brett 的前員工所開的 Tropic City，不選擇開在熱鬧的曼谷市中心也不走當紅的雅痞風酒吧，整間店以花卉和熱帶植物的圖案裝飾，走夏季熱帶島嶼風情。以販賣萊姆酒 Rum 為主的特製調酒，飲料以東南亞、加勒比海等熱帶地區為靈感，來到這邊感受濃濃的度假休閒感，這邊的調酒酸酸甜甜相當適合少女們來喝。

Instagram tropiccitybkk

OPEN HOUR　*19:00-02:00（Close on every Mon）*
HOW TO GO　在 *MRT Hua Lamphong* 下車，再步行約 *11* 分鐘。
COST　*1* 杯調酒約 *300-400* 銖

Ⓑ The Bamboo Bar

Instagram mo_bangkok

⓫ #老曼谷酒吧 #現場音樂表演

Mandarin Oriental 文華東方這個飯店品牌以經典奢華，高級的服務享譽國際。曼谷的文華東方有著悠久的歷史，在老曼谷人心中可以說是最厲害也極具代表的飯店，也是我們在曼谷最想入住的飯店之一（可惜房價太貴，自己荷包又不夠深）。既然住不起也還是可以來飯店的酒吧裝一下有錢人，飯店所附設的 Bamboo Bar 受到許多國際媒體大力推薦，連我認識的資深調酒師也覺得 Bamboo Bar 是曼谷最具代表的經典酒吧。雖然市內空間不大，但整個酒吧的氛圍和服務都無懈可擊，在這可以看到老一輩的曼谷上流社會阿姨叔叔聚會，來到這邊絕對不能錯過晚上九點到凌晨兩點的現場音樂表演，讓人彷彿置身在三〇年代的紐約酒吧裡。

OPEN HOUR 17:00-01:00（-02:00 Fri&Sat）　　　　**COST** 1 杯調酒約 520 銖

HOW TO GO 在 BTS Saphan Taksin 下車，再步行約 11 分鐘。

Ⓑ River Vibe
⓬ Restaurant and Bar

Instagram riverviewbkk

#頂樓河景 #冰啤酒 #平價美食

之前名叫 River View 的平價住宿，是荷蘭弟還是背包客時來曼谷發現的。老實說整棟樓相當不起眼，連旅社也只是便宜乾淨的房間本身也沒什麼特別的，但它頂樓的餐廳卻榮登背包客界的絕佳河景餐廳，由於景色實在太美又平價漸漸吸引遊客的注意。一般的高樓河景餐廳或是酒吧都在五星級飯店頂樓，價錢當然就不便宜，我們常在附近晃快要接近黃昏時，來到這邊卡位喝杯冰啤酒解解熱。最近餐廳因為太受歡迎了也重新管理而有新的菜單選擇，但老實說，來到這邊就是求個美景，反正也不貴，好不好吃實在也不太重要了。

OPEN HOUR 07:30-23:00　　　　**COST** 1 杯啤酒約 150 銖

HOW TO GO 在 MRT Hua Lamphong 下車，再步行約 11 分鐘。

SHOPS · SPOTS

商店 · 景點 | **S**

Ⓢ 恆泰號
⑬ **So Heng Tai**

\#混搭建築　\#老屋

位於曼谷中國城 Talad Noi 社區內宛如秘密瑰寶的一個地方，中式的四合院建造規劃方式，已經有 200 多年的歷史，在後代的維護下，屋主保留原先的建築，並因為自己從事潛水訓練而在中庭加設大型潛水練習泳池（也是米可魯繁殖場，在這邊可以看到不少米格魯狗狗），有人說他在破壞古蹟但我們倒是覺得這樣別有一番風味。並設有戶外休憩區，販賣簡單飲品，開放給一般遊客前往，但維護老房不易，若想進來別忘了和屋主點杯飲料以表支持，千萬不要拍完照就拍拍屁股走人了。

Facebook Sohengtai

OPEN HOUR　*09:00-18:00*
HOW TO GO　在 *MRT Hua Lamphong* 下車，再步行約 *11* 分鐘。

ⓢ Jam Factory

⑮ #獨立書店 #露天市集
#咖啡店

在餐廳 The Never Ending Summer 旁的 Jam Factory，也是出自泰國建築師 Duangrit Bunnag 之手，不但自己的建築事務所設在這邊，還有商店販賣當地設計師的商品、咖啡店、獨立書店 Candide Books 和餐廳 The Never Ending Summer。另外還有展演空間，時不時會有泰國藝術家的展覽或是露天市集。推薦 Candide Books，雖然以賣泰文書為主，但若是喜歡獨立出版物的書蟲們就算看不懂還是相當值得一逛。

OPEN HOUR *10:00-20:00*

HOW TO GO 在 *Klong San Pier* 下船，再步行約 *3* 分鐘。

ⓢ Talat Noi

⑭ #冷門景點 #老社區 #新藝術

有人和我們一樣喜歡去一些冷門景點嗎？我們很喜歡在 Talat Noi（小市場）的周圍閒晃，宛如秘密瑰寶，這邊混著器械、汽車修理廠、住宅、背包客旅館，在此區的古厝恆泰號 So Heng Tai 老厝讓人流連。近幾年這邊成為設計師、藝術家展示自己最新創作的空間，為這樣的老社區注入新的力量，相當特殊的氛圍。

HOW TO GO 在 *MRT Hua Lamphong* 下車，再步行約 *10* 分鐘。

⑤ Lhong 1919

⑯ # 創意園區　# 中式風情

各種活動

當地設計公司 PIA Interior 將舊倉庫和中式的寺廟改建成一個具有中式移民風情的園區，巨大的三合院設計，有進駐各個當地品牌、餐廳等，不定時在園區內舉辦各種活動。我個人是覺得有空來這邊晃晃拍照可以，若一心要購物或是大啖美食或許會讓人失望，若你是和我們一樣喜歡深入當地生活的旅客，不訪到 Lhong 1919 附近的社區（Tha DinDaeng Rd. 上的夜市街）一享路邊小吃。

OPEN HOUR　*08:00-20:00*

HOW TO GO　在 *Sathorn* 碼頭搭免費接駁船，下船再步行約 *1* 分鐘。

⑤ Din Daeng Market

⑰

在地市集　# 街頭小吃

坐船到 Din Daeng Pier 一下船沿著 Din Daeng 路，一到傍晚有著很多大大小小路邊攤，是一個規模不大但相當 local 且可以大吃的市集。短短的一條路上賣著很多讓人不能錯過的泰式街頭小吃，我們最喜歡來這邊吃沙嗲和泰式冰品（話說在市區也可以吃得到，但我們還是獨愛來這邊吃）。

OPEN HOUR　*03:00-21:30*

HOW TO GO　在 *Din Daeng Cross River Ferry* 碼頭下船，再步行約 *4* 分鐘。

ⓢ Bank of Thailand
⑱ Learning Center

`Facebook hotline1213`

\#超大窗戶面河景 \#讀書 \#工作

前身為泰國銀行印鈔工廠，如今銀行斥資改建為大型的學習中心，有圖書館、自習室、共同工作空間、博物館等。面向著河岸的超巨型窗戶讓人可以很平靜又很舒適的讀書工作，讓很多附近大學的學生都跑來這邊自習。目前是免入場費的，不過終究還是會推出會員的付費制度。

OPEN HOUR *09:30-20:00*（*Close on every Mon*）　　**HOW TO GO**　建議使用 *Grab* 叫車前往。

ⓢ Warehouse 30
⑲ \#藝文空間 \#廢棄倉庫 \#咖啡店 \#服飾店

`Instagram thewarehouse30`

沒錯！又是 Duangrit Bunnag 的另一個大型企劃作品，我想他本人肯定是很喜歡河邊的吧！一直不停在河邊蓋藝文創意空間，Warehouse 30 是一個由廢棄倉庫改建的複合式區域。巨大的鐵皮屋進駐了咖啡店、攝影工作室、商店、服飾店等，是喜歡新興文創產業的遊客可以到訪參觀看看的新據點。

OPEN HOUR *11:00-20:30*　　**HOW TO GO**　在 *MRT Hua Lamphong* 下車，再步行約 *15* 分鐘。

ⓢ Common Ground Tattoo
⑳ \#刺青藝術 \#訂製圖案

`Instagram common.ground.tattoo`

之前由幾個外籍刺青師所開的刺青店 Six Fathoms Deep 廣受刺青客的推薦，現在搬了新家並改名為 Common Ground Tattoo。這間由中式店屋改造的刺青店，陳列著來自世界各地的刺青師創作的藝術品。你可以在這訂製圖案，店家也不定期地邀請國外的刺青藝術家駐店，在曼谷即可讓來自歐美並享譽國際的刺青師刺上永久的印記。

OPEN HOUR *12:00-22:00*　　　　　　　　　　　　　　　**COST**　約 *4000* 銖起
HOW TO GO　在 *BTS Saphan Taksin* 下車，再步行約 *1* 分鐘。

⑤ Thai Home
㉑ Industries

\# 工藝品店

走在曼谷文華東方的同一條巷子，絕對不會錯過這個泰國寺廟式的建築，許多媒體報前身為和尚的宿舍，但其實是錯誤的報導。和老闆聊天後才知道，如今這間開店快六十年的工藝品店是由老闆的爸爸所傳承。沒有華麗的擺設，裡面賣著泰國傳統工藝品，像是編織品、竹籃、貝殼製品、棉麻織物等，品質相當不錯，價格也十分合理。最值得一提的是，老闆的父親製作設計的一款餐具，在曼谷各大高級泰國料理餐廳都使用此設計。

OPEN HOUR　*09:00-18:30（Close on every Sun）*

HOW TO GO　在 *BTS Saphan Taksin* 下車，再步行約 *10* 分鐘。

⑤ TCDC 泰國創意設計中心

Facebook tcdc.thailand

㉒ #設計人 #各種文創相關

原本在市中心的百貨公司內，自從搬來河邊後，整個創意設計中心空間更大，資源更為完善。五層樓的空間包含展場空間、文創商品販賣店、設計資源中心、材料圖書館、文化設計藝術書籍圖書館、自習空間等。如果你剛好是設計師或是對設計有強烈興趣的朋友真的可以在這邊泡上一整天（觀光客憑護照可以免費入場一次）。

OPEN HOUR　*10:30-21:00（Close on every Mon）*

HOW TO GO　在 *BTS Saphan Taksin* 下車，再步行約 *14* 分鐘。

⑤ Siriraj Medical Museum

Facebook siriraj.museum

㉓ #死亡博物館 #試膽聖地

它是曼谷歷史最悠久的醫院，詩里拉吉醫院 Siriraj Hospital 所附設的醫學博物館。裡面分為法醫學、病理學、解剖學等博物館，展出屍體標本、遺體照片之研究，因此也被稱為「死亡博物館」，是膽大或對於人體醫學有興趣的遊客的菜。

OPEN HOUR　*10:00-17:00（Close on every Tue）*

HOW TO GO　在 *Thonburi Railway Station* 碼頭下船，再步行約 *3* 分鐘。

⑤ Wanglang Siriraj Market

㉔ #當地人市集 #厲害小吃

在曼谷詩里拉吉醫院及知名大學 Thammasat University 法政大學（可以說是泰國的政大，這樣你懂了吧？）附近，是很多當地人喜歡逛的草根市集。裡面有賣衣服、配件、雜貨等，最重要的是還有很多小吃攤啦！我們是覺得買東西那邊還是很難買到什麼，但說到吃還真的可以吃到很多厲害的道地小吃，相當值得一逛。

OPEN HOUR　*8:00-18:00*

HOW TO GO　在 *Prannok* 碼頭下船，再步行約 *2* 分鐘。

⑤ Wat
㉕ Prayurawo-
ngsawas
Woravihara

#日式庭園 #泰國廟宇

因為曼谷雙年展的關係讓我們到一些沒有去過的點（説到這就覺得曼谷真的有夠大，我待了六年還是一堆地方沒去過），就像這座廟 Wat Prayoon 分成很多個部分，其中一區有很不泰式的景觀設計，有種日式的庭院景觀感覺，裡面還有成群的烏龜超級壯觀。看膩了一般的泰式寺廟想有點不同感受的朋友可以來這邊晃晃。

OPEN HOUR　*09:00-18:00*

HOW TO GO　建議使用 *Grab* 叫車前往。

Talat Phlu

美食地圖

— 道地市集、傳統小吃

不是我在説，河岸的對側（西邊）真的比東邊 local 太多，也有很多當地的市集。我想大家對於泰國的景點「美功鐵路市場」應該不陌生，離曼谷不遠，有火車通過傳統市場，是許多觀光客必排的行程之一。但對我來説特地跑去美功的鐵路市場還不如去 Talat Phlu 更加道地。也有火車經過的 Talat Phlu 周圍聚集著相當多傳統小吃攤、竹編織物品店家等，是很多觀光客不會特地跑來而深受我們喜愛的隱藏市集。

HOW TO GO

在BTS Talat Phlu 下車，再步行約13分鐘。

❶ 噗市場 排隊臘腸飯

Open　06:00-20:30
Cost　1 份約 30 銖

❷ Thai Kanom 排隊傳統泰式甜點

Open　12:00-19:00
Cost　1 份 7-145 銖

❸ 915 Soi Liap Thang Rotfai 竹編物店

❹ 冰淇淋甜點店

Search　https://reurl.cc/dpAmq
Open　17:00-02:00
Cost　1 份約 25-50 銖

❺ Kanombueang Thai Shop Taladplu Sarinthip 泰式夾煎餅

Open　09:00-22:30
Cost　1 個約 15 銖
FB　sarinthip.sweets

❻ 符德興中泰餐館

Open　10:00-14:00 16:00-21:30（Mon-Fri）
　　　10:00-21:30（Sat&Sun）
Cost　1 餐 1 人約 350-500 銖

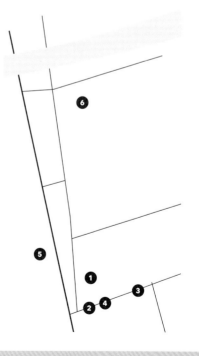

Napol 'Joe' Jantraget

www.8020bkk.co
Instagram 8020bkk
料理 #80/20

曼谷土生土長的主廚 Joe 在加拿大認識了日籍的老婆，因為家人的關係搬回曼谷，共同創立餐廳 80/20（請參閱 P.272）。在 Charoen Krung 石龍軍路上的 80/20，一開幕就受到曼谷人的矚目，為這條歷史悠久的老街注入不同的飲食美學。一開始主廚強調使用百分之八十的泰國原物料，百分之二十的進口食材（這也是當初餐廳命名的緣由），到現在餐廳已經近乎百分之百使用泰國當地的原物料當作食材。當曼谷的高檔 Fine Dining 餐廳都在瘋進口食材時，80/20 走相反的路（超有種）。

透過團隊對於食物和這塊土地的熱情，依照當季新鮮食材創造出一系列的菜單，挑戰食客的味覺。老實説我們都不是什麼食物評論家，我們吃不太懂 Fine Dining（對我來説有時太過矯情），但在 80/20 可以輕鬆的享受高級料理，服務周到但用餐環境很隨性、慵懶，很像在朋友家享用美食的感覺，每一口都讓我這個鄉巴佬驚豔，很適合吃膩一般泰式料理卻喜歡嚐鮮的食客。

Q1:

你最喜歡曼谷的哪裡？（工作上，曼谷如何激發你的創作靈感？）

A1:

我最喜歡曼谷的多樣性。尤其文化上，越來越多來自不同國家的外國人搬到曼谷定居。這樣的條件也使得曼谷有更多元的發展，相對地也讓餐飲界有更多不一樣的選擇。曼谷已經不是只有泰式料理，在這邊可以吃到很多主廚對於各式料理的全新詮釋。作為一個曼谷人，我很開心可以看到現在的曼谷發展，這樣的發展及市場上的競爭也更促使我在廚房、餐桌上花更多的心力。

Q2:

在曼谷，你喜歡去些什麼地方？

A2:

我還是喜歡待在我的生活圈內的區域，80/20 的 Charoen Krung 石龍軍路周圍，像是 Talad Noi 還有從我們餐廳往 Hua Lamphong 華藍蓬火車站方向（沿著大水溝 Khlong 走）晚上有很道地的路邊攤販，和觀光客很多的 Yaowarat 中國城不同，蠻推薦給喜歡追求體驗當地人生活、飲食的遊客。我住的公寓周圍的 Khlong San 區域，它是在昭披耶河西側的地區，這邊也有相當多道地的餐館路邊攤。不過因為超大商場 ICONSIAM 的建立，我不確定之後這個地區是否會有所改變。

Q3:

你可以說說看目前的曼谷料理界和十年前有些什麼差異嗎？

A3:

如果說到曼谷的高級料理選擇或許還是比不上其它大城市（像是紐約、倫敦、巴黎等），但每一年我都可以看到進步。有越來越多年輕的主廚將自己對於食物的了解及創意展現在世人面前，在市場上也出現更多更加專精分類的料理。

光是以泰式料理餐廳來說，慢慢出現來自泰國不同區域為主題的餐廳，這樣的轉變是我很樂見的。雖然現在有很多高級的料理餐廳（包括我們在內），我還是希望可以看到有更多餐廳可以提供精緻的日常餐點，我不認為好的食物就是一定要配上高級美酒，這也是我和我老

婆的下一步，希望在不久的將來開設新的餐廳提供顧客更輕鬆的享受日常美食。

另外，我有一個願景是想讓曼谷人動手下廚。曼谷的環境，使得每個人都是外食族，這已經失去料理該有的樣貌，食物之所以美好不只是最後的味道，而是從頭到尾的採買（甚至栽種、養殖）、製作、料理到最終端上桌和自己心愛的人一起享用的時光。

關於泰國著名的路邊攤飲食文化，政府當局覺得路邊攤有損市容或帶來髒亂，更加正視這個問題而不是一味的「整街」。政府的政策對於飲食的發展真的佔有舉足輕重的地位，像是泰式酒釀 Sato 有關當局禁止私釀酒，導致這樣的文化漸漸失傳，這也是我覺得有點可惜的。如果政府可以更加支持和正視泰國傳統飲食文化，我相信加上現代化及國際化的影響，曼谷的飲食發展會更有趣。

Q4:

你最喜歡什麼泰國料理？

A4:

我最喜歡的泰式料理應該是各種泰式咖哩，我很喜歡泰國南部的 Kaeng Tai Pla（發酵魚內臟所製成的魚醬為主要味道的咖哩），尤其是出自我媽媽之手的家常菜。在泰國，每個家庭都有屬於自己的料理方式，到現在我還是對於小時候和家人一起準備餐點一起共餐的回憶念念不忘，這樣的記憶是怎麼樣都忘不了，而那個味道是無法匹敵的。

Q5:

對於愛好美食的人，初次來到曼谷，你會建議他（她）去哪裡呢？

A5:

不要有任何計畫，大膽地讓自己在曼谷街頭迷失吧！有時候遊走在街頭反而可以不經意地發現美食，有時不刻意的搜尋才有更多驚喜。如果要吃泰式街頭料理我會推薦像是在 Talad Noi 裡的有名鴨麵店 DUCK NOODLE House 和 在 Charoen Krung 石龍軍路上的穆斯林料理餐廳 Muslim Restaurant（請參閱 P.271）或是在 Silom 區的 Soi Convet 區的小攤。如果想要在餐廳用餐可以試試 100 Mahaseth（請參閱 P.271）、Sorn Fine Southern Cuisine（建議在

兩、三個月前提前訂位）或是 Baan
Ice 和在 Warehouse30 的 Someday
Everyday。但我認為來到曼谷不要
只侷限在享用泰國料理，曼谷的美食
相當多元，來到曼谷時請記得打開胸
襟，接受各式各樣的料理吧！

DUCK NOODLE House

- *09:30-15:00（Close on every Sun）*
- 在 *MRT Hua Lamphong* 下車，再步行約 *4*
  分鐘。
- *1* 碗約 *50* 銖

Sorn Fine Southern Cuisine

- *18:00-23:00（Tue-Fri）*
  12:00-14:00 18:00 23:00（Sat&Sun）
- 在 *BTS Phrom Phong* 下車，再步行約 *12*
  分鐘。
- *1* 人約 *3000* 銖
- *+66-99-081-1119*
- *IG：sornfinesouthern*

Baan Ice

- *11:00-22:00*
- 在 *BTS Thong Lo* 下車，再步行約 *9* 分鐘。
- *1* 餐 *1* 人約 *500-600* 銖
- *IG：baanicerestaurant*

Someday Everyday

- *11:00-20:00*
- 在 *MRT Hua Lamphong* 下車，再步行約
  15 分鐘。
- 約 *100-300* 銖
- *FB：somedayeverydayrestaurant*

Chatuchak
Weekend Market

恰圖恰週末市集逛街攻略

曼谷的市集文化就是一個爆炸多的狀態，其中又以恰圖恰週末市集 Chatuchak Weekend Market（簡稱 JJ Market）最受到遊客的喜愛。我人生很不愛用「必」這個詞，但說到恰圖恰還似乎不得不動用這個詞。即使現在恰圖恰的觀光客越來越多，比較不像以前那麼 local，但只要朋友第一次來曼谷又剛好遇到週末，我都會二話不說的直接把他們送去恰圖恰（太可以讓他們在那邊迷失自己，第一次逛真的很容易迷路）。

在那邊可以一次採買到各式各樣的商品，來個一網打盡。回想我第一次到恰圖恰，我還記得是四月（也就是曼谷最悶熱的季節），一到那邊就腿軟想說：「天啊！這邊是在大個什麼勁？到底要怎麼逛起？」即使到現在住在曼谷，去過恰圖恰少說也有好幾十次，但老實說我一直都沒有把恰圖恰「完全」逛透徹，畢竟有些區域或是有些店家就真的不會讓人有興趣想好好逛（像是我們就是沒有寵物啊！

當然沒什麼必要特別去逛寵物用品的區域）。

在這邊附上恰圖恰市集的地圖，讓第一次來到這邊的你稍微有一點點頭緒（其實真的沒有很難，只是第一次來應該看了地圖還是會暈頭轉向）。最重要的是會在這介紹我們最喜歡的店家和區域，都是我們每次來恰圖恰會直接殺去的，讓你省去亂繞的時間（不然一一走完真的很花時間，加上悶熱的天氣根本是難上加難囉！）

OPEN

星期六、星期日，店家營業的時間不同（約上午 8 點到下午 6 點），大部分的商家到中午都會開，若要逛得透徹建議下午去（不過下午人潮也相對得多）。星期五傍晚也有得逛，不過店家和週末不一樣，偏向在主街上搭起的攤販。

HOW TO GO

搭 BTS 到 Mo Chit 站或 MRT Kamphaeng Phet 站，當然也可以直接搭計程車或 Grab 直達。

Zone 1 — Books・書籍

Zone 2.8.22 — Furniture & Decor Objects・傢俱、家居裝飾

Zone 3.4 — Plant & Gardening Tool・植物、園藝工具

Zone 5.6 — Used Clothing・二手衣

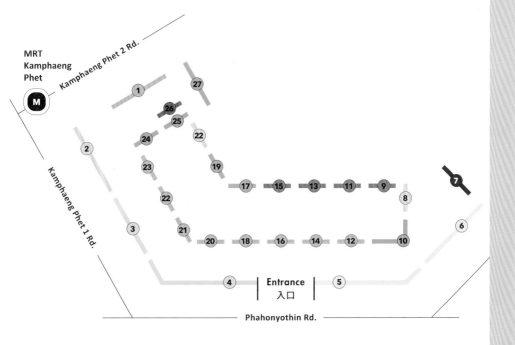

Zone 7 — Plant & Handcraft・植物、手工藝品

Zone 9.11.13.15 — Pet & Accessories・寵物用品、飾品

Zone 10.17.19.24.25.27 — Handcraft・手工藝品

Zone 26 — Antique・古董、古玩

Zone 12.14.16.18.20.21.22.23 — Clothing & Accessories・服飾、飾品

我們會逛的區域　　　　　　　　　　　　　**A**

① Section 2、3、4

這幾個區域賣的多是泰國當地的小品牌，店家自己設計生產的 T-shirt、包包、鞋子、首飾等，在這邊可以略見泰國人的創意和流行（不過當然不夠全面），比在其它區看到的東西還特別，價格也相對高一點點。最值得說嘴的（畫星號）就是這一區的店家幾乎人人有裝冷氣、電扇，在這區逛街相對來說舒適很多。這區也會夾雜一些小咖啡店、飲料店，讓人可以短暫休息一下再大開殺戒。

② Section 5、6

這一區都是販賣二手復古服飾，在這邊不但可以找到美式二手 T-shirt、復古洋裝、皮包、鞋子、配件，還有很多厲害的復古傢飾。雖然我一直說 Chatuchak 有一年比一年還貴的趨勢（畢竟這邊遊客太多），但比起台灣的復古服飾來說這邊還是便宜。對於第一次來到曼谷又熱愛復古 Vintage 風格服飾的你絕對足以大買特買。想當年我第一次來到這，光是這一區就讓我逛了又逛繞了又繞，大買了一堆扛回家。

我們會特別去的店家 **B**

Section 22　　　　no. 018 soi 4/2

Moo Yang Nam Peung 蜜汁豬肉

逛一逛餓了卻不想坐下浪費逛街的時間，我們都會來這買一份燒肉夾饅頭，邊逛邊吃。店家不只賣蜜汁燒肉還有中式點心豆沙包、燒賣等，是當地人也很喜歡的老字號店家。

Section 17　　　　no. 244 soi 9/1

Chieng Sang 中泰式藍白瓷器

這樣的瓷器出現在曼谷不少精品飯店、餐廳等，看起來非常有古董味。有販賣茶壺、花瓶、碗盤等，高貴不貴，買回家可以騙人是古董貨。

Section 17　　　　no. 175 soi 8/6

Tee 泰味鍋碗瓢盆琺瑯瓷具

泰國製的「兔子牌 Rabbit Brand」和「飛機牌 Aeroplane Brand」老牌，在這個小小的店面一應俱全。各式琺瑯瓷具，有印花的、有不同顏色的、不同大小、不同樣式的，相當容易在這邊失心瘋。

我們會特別去的店家　　　　　　　　　　**B**

Section 26　　　　　no. 156 soi 1/6

布料店

就跟你說 Chatuchak 是什麼都有賣，
寵物都買的到了更何況是布料！這間
店有賣多重印花布料和中式服裝，最
讓我們注意的是非洲風格的印花布
料，買回家做托特包超時髦。

Section 26　　　　　no. 205 soi 1/9

Siam Rare Books & Collectibles 古物店

Chatuchak 也有很多古董、古物店，
老實說古董我看不懂也買不起。但這
間古物店不只賣「遙不可及」的古物
書籍，也有一張 10 銖的老式泰國明
信片和價格合理的復古包裝紙，是很
另類的特色紀念品（老闆居然還是個
外國人）。

Section 8　　　　　no. 50 soi 14/1

Bamboo House 竹編物

泰國各式的竹編物很多，這間在週末
市集內的店則是以賣竹編的容器為
主，像是竹編的小袋子、盒子等，很
適合買回家當傢飾或是用來送禮包裝
使用。

TIPS

① 穿越少越好。

店家由鐵皮搭建，加上泰國本身的天氣就是熱還要更熱的意思，穿得越清涼當然可以逛得更加舒適。

② 隨身財物一定要保管好。

不要傻傻的背後背包，還很兩光地把護照和錢全都放在裡面，這絕對成為扒手目標。

③ 嘗試殺價。

隨著恰圖恰越來越熱門，能殺價的空間似乎也越來越死，購買時還是嘗試殺價（其實要看是什麼樣的店家，一般設計區的店家價錢比較死）。在這邊也呼籲不要因為殺價不成而覺得自己被騙什麼的（我知道很多人跟我一樣都有被害妄想症），不然就是貨比三家看看哪間便宜再下手。

④ 補充大量的水分。

千萬別中暑了！來到這邊一定要勤喝水（一秒變嘮叨的媽媽），現場很多賣礦泉水的小攤，不用怕沒水喝。

⑤ 做好迷路的打算。

沒什麼好說的就是準備迷路吧！

⑥ 自備大型購物袋。

購買後店家都會提供紙袋或塑膠袋包裝，我個人覺得泰國的塑膠袋實在太過氾濫，尺寸又超小根本裝不了什麼東西，回家也無法再當垃圾袋二次使用，倒不如自備環保購物袋把所有戰利品通通塞進去。

⑦ 自備濕紙巾、衛生紙。

這點又是囉唆媽媽的建議了，現場的公廁（公廁需要付費）有時會提供衛生紙有時則是需要另外買，但如果自己隨身帶著就省掉在現場購買的麻煩（到底是多麻煩？）總之！我就是喜歡隨身帶它怎麼樣！

⑧ 不要撐陽傘。

最後一點是我私心的抱怨，你不聽我也沒辦法。我知道台灣很多少女人生的志願就是「美白防曬」，一來到曼谷馬上呈現見光死的狀態，大肆地給我在人擠人的地方撐陽傘，在這邊奉勸大家，那邊人真的很多，你要防曬就穿長袖長褲，可以不要在那邊撐陽傘以免傘緣尖尖的部分傷到其他人（沒錯！我就是囉哩八唆的媽媽，你不聽我的勸我也沒輒，隨便你）。

> 特別推薦 Chatuchak 隔壁的 DD Mall 外面到下午會有小型的二手古董地攤，雖然有點觀光客價格或許高一點，但有時候還是可以挖到寶的！

偏執曼谷 The rice/potato guide to Bangkok

作 者：rice/potato（文字：劉書伶 攝影：Chris Schalkx）
社 長：陳純純   ＊部分照片由店家提供
總 編 輯：鄭潔
主 編：張愛玲
編輯助理：舒婉如
特約編輯：J.J.CHIEN
封面設計：Rika Su
內文排版：Rika Su

整合行銷總監：孫祥芸
整合行銷經理：陳彥吟
北區業務負責人：陳卿瑋（fp745a@elitebook.tw）
中區業務負責人：蔡世添（tien5213@gmail.com）
南區業務負責人：林碧惠（s7334822@gmail.com）

出版發行：出色文化出版事業群 ‧ 出色文化
電話：02-8914-6405
傳真：02-2910-7127
劃撥帳號：50197591
劃撥戶名：好優文化出版有限公司

E-Mail：good@elitebook.tw
出色文化臉書：www.facebook.com/goodpublish
地址：台灣新北市新店區寶興路 45 巷 6 弄 5 號 6 樓

法律顧問：六合法律事務所 李佩昌律師
印製：皇甫彩藝印刷股份有限公司
書號：22

ISBN：978-986-97860-1-0
初版一刷：2019 年 7 月
定價：新台幣 640 元

偏執曼谷 The rice/potato guide to Bangkok / Etty Liu,
Chris Schalkx 著 . -- 初版 . -- 新北市：出色文化，2019.07
面；　公分
ISBN 978-986-97860-1-0(平裝)

1. 旅遊 2. 泰國曼谷
738.2719   108008844

P36-50 攝影團隊
攝影師：Chavit Mayot(Book) 藝術指導：Chris Schalkx、Benyatip Sittiwej(Paund)
攝影助理：Saind Prathana(Sai)、Kamonphan Amornmekin(Maei)